万人坑に向き合う日本人

中国本土における
強制連行・強制労働と万人坑

青木 茂 AOKI Sigeru

花伝社

まえがき

日中一五年戦争による中国人の死傷者は中国の統計によると三五〇〇万人であり、そのうち死者は二一〇〇万人になる。一方、日中一五年戦争時に、主に日本の民間企業により中国本土（大陸）で強制労働させられた中国人被害者は約四〇〇〇万人にもなり、そのうち約一〇〇〇万人が過酷な強制労働により死亡したと推定される（本書第一章に詳述）。そうすると、日中一五年戦争による二一〇〇万人の中国人犠牲者のほぼ半数は、日本軍による武器（武力）を用いる直接的な殺害ではなく、直接には武器を用いない日本の民間企業の強制労働により命を奪われたことになる。

そのような、日本の民間企業による強制労働が生み出した約一〇〇〇万人もの中国人犠牲者の遺体は、それぞれの強制労働現場（事業所）に近い人目につかない山野などに捨てられ、膨大な数の「人捨て場」が中国全土に作られた。そのような「人捨て場」は、戦後七五年になる二一世紀の今も中国各地に数えきれないほど現存しており、その「人捨て場」を中国の人々は万人坑と呼んでいる。

さて、日中一五年戦争における日本の侵略犯罪・加害責任について考えるとき、多くの日本人が関心を寄せるのは、南京大虐殺をはじめとする暴虐事件や、中国が三光作戦と呼ぶ治安戦や、七三一部隊による細菌戦や、女性に対する性暴力（性奴隷犯罪）など、中国軍に対し相対的に強大な武力を持つ日本軍が引き起こした加害責任なのだろう。しかし、侵略の本質である、主に日本の民間企業が加害者となる経済的な犯罪に関わる中国人強制連行・強制労働に関心を寄せる人は、その被害規模が甚大であるにもかかわらず多くはないようだ。

そこで本書では、営利（金儲け）を目的とする日本の民間企業による強制労働という侵略犯罪の実態に日本人が理解を深めてくれることを願い、中国人強制労働と、その結果として作られた万人坑に関心を寄せ（魅せられ）万人坑といろいろな関わりを持ち続ける三人の日本人のそれぞれの半生を紹介することにしたい。その三人は次の人たちだ。

大東仁さん——愛知県尾張地方にある名刹・円光寺の住職

学生時代の一九八五年に、自身にとって初めての海外の旅で、大石橋マグネサイト鉱山万人坑を現認することを第一の目的として大東仁さんは中国に行く。そして、一カ月にわたり中国各地を「一人旅」で放浪し、大石橋マグネサイト鉱山など三カ所の万人坑を含む日中戦争に関わる史跡を訪ね歩いた。

大学を卒業し僧侶（住職）になったあとも、幾つもの調査団（訪中団）を主宰し何度も中国を訪れ、万人坑を含む日本による侵略の跡を調査している。また、南京大虐殺の被害者を含む多くの関係者と交流を続けるなど、南京を中心に日中戦争と日本の侵略犯罪に関わり続け、自坊の属する真宗大谷派の侵略責任も問い続けている。

舟山守夫さん――ＪＲ東海労働組合新幹線関西地方本部の初代執行委員長

ＪＲ東海労働組合新幹線関西地方本部の初代執行委員長に就任した舟山守夫さんは、組合員らが参加する中国（海外）平和研修を一九九七年から始める。そして、若い組合員を含む大勢の仲間を引き連れ、二〇一八年の第二一回目で海外平和研修を終了するまでに、中国を一六回、韓国を四回、ポーランドを一回訪れた。この間に、中国平和研修の目玉として通い続けたのは、大石橋マグネサイト鉱山万人坑と平頂山事件の虐殺現場（平頂山惨案遺跡記念館）だ。

その中国平和研修を通して、大石橋マグネサイト鉱山の虎石溝万人坑を消滅の危機から救ったことは、掛け替えのない貴重な成果となった。そして、大石橋の虎石溝万人坑記念館と平頂山惨案遺跡記念館には、ＪＲ東海労働組合の記念碑（犠牲者追悼碑）が、中国政府の賛同のもとに正式に建立されている。

野津加代子さん――「撫順の奇蹟を受け継ぐ会」（中国帰還者連絡会の後継市民団体）関西支部代表

アメリカ先住民に関心を持ち、アメリカ（シアトル）の大学に留学し、卒業後もアメリカで働き、アメリカ滞在中にキリスト教の洗礼を受けキリスト教徒にもなった野津加代子さんは、三〇歳代の前半まではアメリカ一辺倒の人生を歩んでいた。

しかし、二〇〇〇年に中国に行き撫順戦犯管理所を訪れ中国帰還者連絡会と出会ったことが転機となり、それからは中国にのめり込むようになる。そして、「万人坑を知る旅」や「撫順の奇蹟を受け継ぐ会」訪中団などを主宰し、数多くの万人坑を含む日中戦争の加害の跡を訪ね歩き続けている。

現在は旅行会社の代表（社長）に就任している野津加代子さんは、おそらく、今の日本で一番数多く万人坑を巡り歩いている人だと思われる。

万人坑に関心を寄せる（魅せられた）この三人の日本人の生きざまを通して、万人坑に秘められた、あるいは万人坑が告発している、中国本土における中国人強制連行・強制労働に関わる日本の侵略責任に、本書の読者のみなさんと歴史学の専門家・研究者から関心を寄せてもらうことができれば嬉しい。そして、みなさんといっしょに、再び侵略することのない国に日本を変えていきたいと思う。

万人坑に向き合う日本人——中国本土における強制連行・強制労働と万人坑◆目次

第二部　舟山守夫さん

第三部　野津加代子さん

第六章　野津加代子さんと「万人坑を知る旅」　158

第七章　遼寧省の万人坑を訪ねる　194

あとがき　241

第一部　大東仁さん

第一章　中国人強制連行・強制労働と大石橋マグネサイト鉱山万人坑

四〇〇〇万人の強制労働被害者

一九三一年九月一八日の柳条湖事件を口実に中国東北（「満州」）への侵略を公然と始めた日本は、一九三七年には盧溝橋事件をきっかけに中国への全面侵略を開始し、さらに一九四一年にアメリカとイギリスに宣戦布告しアジア太平洋戦争に突入する。こうして広範で膨大な戦線を日本は抱え込むが、国力をはるかに上回る広大な戦線は各地で泥沼化する。そして、泥沼化する戦線に兵士を大量に送り込むため、膨大な数の青壮年男子をねこそぎ徴兵した。その結果、日本国内（内地）が深刻な労働力不足に陥る。

この、日本国内（内地）における深刻な労働力不足に対処するため、「華人労務者内地移入に関する件」を一九四二年一一月二七日に東条内閣が閣議決定し、一九四三年四月から一九四五年六月までの間に三万八九三五人の中国人を労工（労働力）として「内地」に強制連行する。日本国内に連行されてきた中国人の強制連行被害者は、炭鉱・鉱山・港湾・土木建設などに関わる三五の企業の一三五カ所の事業所において、衣

食住ともに劣悪な生活環境の下で過酷な労働を強制され、六八三〇名もの中国人が死亡した。(注01)(注02)

このように、およそ四万人の中国人を日本国内で強制労働させ約七〇〇〇名の命を奪った「内地」への中国人強制連行は、今の日本でも比較的よく知られている史実だ。しかし、一方で、日本が侵略した中国本土（大陸）で行なわれた強制労働について認識している人は日本にはほとんどいないように思われる。

そこで、中国本土（大陸）における中国人強制労働について確認すると、最後はアジア太平洋戦争と時期が重なる日中一五年戦争の間に、侵略者の日本により中国本土（大陸）で強制労働させられた中国人被害者の数はおよそ四〇〇〇万人にもなることが分かる。(注03)中国本土における四〇〇〇万人という強制労働被害者の数は、日本国内に連行されてきた強制労働被害者四万人と比べると、正に桁違い（三桁違い！）になる膨大な数だ。

その、中国本土における四〇〇〇万人にもなる強制労働被害者の地域別の内訳を、中国の北から南へ、東北（「満州国」）・華北・華中・華南の順でまずは見ておこう。

①東北（「満州国」）の中国人強制連行

傀儡国家「満州国」を一九三二年に「建国」し中国の東北を支配した日本は、五族協和や王道楽土を標榜しながら膨大な数の中国人を駆り集めて強制労働させ奴隷のように酷使した。統計によると、一九三四年から一九四五年までに華北など中国各地から東北に強制連行してきた中国人は七九〇万人になる。また、労役の割り当てや強制連行により東北内部で徴用した農民らは八五〇万人になり、合わせて一六四〇万人が東北（「満州国」）で強制労働させられた。(注04)(注05)

②華北の中国人強制連行

万里の長城を「国境」とし「満州国」の南側に隣接する華北は、中国国民政府（蒋介石政権）の統治下から政治的・経済的に分離し「第二の満州国」にするための華北分離工作を日本が推し進めた地である。そして日本は、日中戦争やアジア太平洋戦争を遂行するための「戦力の培養補給」の基地、(注06)つまり食料・石炭・労働力など戦略資源の供給地として華北を位置付け、一九三七年から一九四五年の間に二〇〇〇万人以上の中国人を華北域内で強制労働させた。(注07)(注08)

この二〇〇〇万人とは別に、一九三四年から一九四五年の間に華北から華北域外の地へ労工（労働力）として強制連行された中国人が一〇〇〇万人も存在する。その連行先の内訳は、「満州国」へ七八〇万人余、蒙疆《もうきょう》へ三二万人余、華中へ約六万人、さらに日本本土（内地）へ三万五七七八人、朝鮮へ一八一五人などだ。(注07)(注09)

③華中の中国人強制連行

華中に現存する強制労働現場と万人坑（人捨て場）のうち私（青木）が実際に訪れて確認したのは、南京から百数十キロほど西方に位置する淮南《わいなん》炭鉱だけだ。しかし、淮南炭鉱という一カ所の事業所における強制労働だけで数万人の中国人が死亡し、大規模なものだけでも数カ所の万人坑が残されている。(注10)淮南炭鉱に強制連行されてきた被害者は、人数が正確に分かっている三年間（一九四一年三月から一九四四年六月）に限っても七万人を超えるので、(注11)七年におよぶ淮南炭鉱の占領（操業）期間全体では被害者数はおそらく一〇万人を超えるだろう。

このように、淮南炭鉱という一カ所の事業所だけで、一三五カ所の事業所全体で約四万人が強制労働させ

遼源炭鉱万人坑
東北の吉林省遼源市に現存している。犠牲者は８万人以上。

大同炭鉱万人坑
華北の山西省大同市に現存している。犠牲者は６万人余。遺体がミイラ化している。

淮南炭鉱万人坑
華中の安徽省淮南市に現存している。犠牲者は数万人。

られ約七〇〇〇人が死亡した日本国内における中国人強制連行・強制労働の全体の被害規模を上回っている。そして、長江（揚子江）流域を含む華中には、淮南炭鉱以外にも、日本軍の軍事基地構築や道路建設など多数の強制労働現場が存在しているので、最低でも一〇万人単位の強制労働が華中で強行されたことに疑問の余地はない。

④華南の中国人強制連行

海南島は、華南の中でも最南端に位置し、面積では台湾にほぼ匹敵する巨大な島だ。その海南島で私が実際に訪れて確認した強制労働現場と万人坑の犠牲者数（死者数）は、石碌《せきろく》鉱山における鉄鉱石採掘作業で三万人（注12）、石碌鉱山で産出する鉄鉱石の積み出し港となる八所《はっしょ》港と鉱石搬送用の鉄道などの建設工事で二万二〇〇〇人（注13）、田独鉱山における鉄鉱石採掘作業で一万人（注14）、陵水后石村における日本軍飛行場建設などの土建工事で五〇〇〇人である（注15）。

海南島には、これ以外の事業にも膨大な数の日本の営利企業が進出し、重要金属を採掘する各地の鉱山開発や、鉄道や道路建設など産業基盤整備や、飛行場などの軍事基地建設や、各種の農業開発が膨大に実施されたので、[注16][注17]海南島を含む華南で、「内地」(日本国内)の被害規模とは桁違いの、最低でも一〇万人単位、おそらく一〇〇万人単位になる大規模な強制連行・強制労働が行なわれているのだろう。

中国本土における中国人強制連行・強制労働の規模はこのように膨大なものだが、このことをきちんと認識している人は、この節の最初の方に記したように、日本にはほとんどいないようだ。そのため、今の日本で話題にされる中国人強制連行・強制労働のほとんどは、中国本土から日本国内(内地)に強制連行され花岡鉱山鹿島事業所などで強制労働させられた約四万人の被害者に関することだけだ。日本国内に比べると被害人数が桁違い(三桁違い!)に多い中国本土(大陸)における強制連行・強制労働が日本ではほとんど話題にならないことは、歴史認識の観点からも憂慮されることであろう。

一〇〇〇万人規模の強制労働犠牲者と万人坑

さて、強制連行や徴用や「募集」などさまざまな手段で労工(労働力)として集められた中国人被害者は、炭鉱や鉄鉱などの鉱山や、巨大ダムや日本軍基地や道路などの建設工事現場に送られて監禁され、理不尽かつ凄惨な労働を強制される。

まともな食事も与えられないまま過酷な労働を連日長時間にわたり強制されれば、屈強な若者でもすぐに痩せおとろえ、やがて多くが衰弱死（過労死）してしまう。また、衰弱した強制労働被害者は病気に対する抵抗力を失くしているので、伝染病が流行すれば多くの者がまとめて死亡する。さらに、安全無視の危険な作業に起因する事故や、監督者による理不尽な暴行や虐待で命を奪われる被害者も少なくない。

こうして、強制労働被害者の多くが死亡させられたが、中国本土で強制労働を強いられた中国人被害者のうちどれくらいの人たちが命を奪われたのだろうか。その実態を知るため、ここで史料を確認しておこう。

例えば、「満州国」時代の日満商事株式会社調査室が発行した『日満商事調査統計月報・満州炭鉱資材読本別冊』には、中国人を労工として徴用した日本の企業に関するさまざまな記録や統計が収録されている。その記録（統計）の一つである「鉱山労務者採用後期間別死亡者加重比率表」(注18)(注19)には、西安（遼源）炭鉱・本渓湖炭鉱・撫順炭鉱など一一の炭鉱と満州鉱山・満州鉛鉱の二つの鉱山、そして昭和製鋼所という合わせて一四の事業所の、一九四三年一月から六月までの統計に基づく、「労務者」（労工）受け入れ後の労働（就労）期間に応じた死亡率が具体的にまとめられている。

それによると、例えば、八万人以上の中国人労工が死亡した西安（遼源）炭鉱における労工の死亡率は、労工が西安炭鉱に来て（就労して）から一カ月で一八・八パーセント、二カ月で四六・四パーセント、三カ月で六三・五パーセント、半年で八四・三パーセント、一年以内に一〇〇パーセントである。つまり、西安炭鉱に連行された労工は、三カ月以内に三分の二が死亡し、一年後には全員が死亡している。また、一三万五〇〇〇人の中国人労工が死亡した本渓湖炭鉱の死亡率は、労工が本渓湖炭鉱に来て（就労して）から一カ月で一〇・二パーセント、二カ月で一八・七パーセント、三カ月で三〇・八パーセント、半年で六五・五パーセント、一年で八一・一パーセントである。つまり、本渓湖炭鉱では、三カ月で三割、半年で三分の二、一年で八割の労工が死亡している。

このように、各事業所毎の死亡率が「死亡者加重比率表」に全てまとめられているが、各事業所毎に死亡率の詳細を紹介することは本稿では省略し、「満州国」における一九四三年前半の強制労働による死亡率の実態を全体像により近く把握できると思われる、一四の事業所全体における労工の平均死亡率を最後に確認しておこう。その一四の事業所全体の平均死亡率は、各事業所に中国人労工が来て（就労して）から一五日で六・七パーセント、一カ月で二〇・六パーセント、二カ月で三六・二パーセント、三カ月で五一・三パーセント、半年で七五・九パーセント、一年で八七・〇パーセントである。つまり、三カ月で半数が死亡し、半年で四分の三が死亡し、一年たつと約九割が死亡している。

日本国内に連行されてきた中国人強制労働被害者の死亡率は一七・五パーセントなので、『日満商事調査統計月報』の「鉱山労務者採用後期間別死亡者加重比率表」に記されている一年で約九割という平均死亡率は、桁違いと言えるくらいに高い。しかし、一四の事業所の、一九四三年の前半という特定の期間における「一年で約九割が死亡」というこの統計は、もちろん厳然たる事実ではあるが、日中一五年戦争の全期間を通した「満州国」全体の一般的な情況を示していると解釈するのは（明確な根拠を私は知らないが、直感的に）無理のように思われる。

次に、強制労働被害者の死亡率が分かる別の事例を見てみよう。

一九三二年に「満州国」をでっちあげ中国東北部を支配した日本は、「満州国」防衛と近い将来に想定されるソ連との戦争に備えるため、「満州国」北辺のソ連との国境沿いに、大規模な日本軍（関東軍）要塞群の構築を一九三四年から進め、東寧要塞・虎頭要塞・ハイラル要塞など十数カ所の巨大な要塞群を建設・構

築する。(注20)

これらの要塞群の構築のため、関連の土建工事を含め全体で三二〇万人余の中国人が労工として徴用され、貧弱な食事など劣悪な生活環境の下で過酷な労働を強制され、一〇〇万人余が死亡した。(注21)この、ソ満国境沿いにおける日本軍要塞群の構築に徴用された三二〇万人余の強制労働被害者の死亡率はおよそ三割ということになる。

ともあれ、侵略者として中国に土足で乗り込んだ日本企業と日本軍は、周囲の目を気にせず、日本国内の事業所に比べはるかに好き放題に中国人労工を酷使することができただろうし、理不尽に虐待することも人目を気にせずにできただろう。それゆえ、中国本土における強制労働の被害者の死亡率が、日本国内に連行されてきた約四万人の中国人強制労働被害者の死亡率一七・五パーセントより低いということはないだろうと思う。

そこで、仮に、中国本土における約四〇〇〇万人の強制労働被害者の死亡率を、二割から三割くらいだと(低目に)見積もると、中国本土における強制労働で一〇〇〇万人近くが死亡していることになる。

日本国内(内地)に強制連行されてきた四万人の中国人被害者のうち七〇〇〇人が命を奪われたことは日本でもよく知られている。しかし、中国本土(大陸)で強行された強制労働における一〇〇〇万人規模の犠牲者(死者)のことは、今の日本で中国人強制連行・強制労働に関心を持つ人でもほとんどが認識していないように思われる。その情況を残念に思うのと同時に、なんとか変えなければならないと思う。

さて、中国本土における強制労働で命を奪われた一〇〇〇万人規模の膨大な数になる中国人犠牲者の遺体は、それぞれの事業所に近い山間地など人目につかない辺鄙な場所にまとめて捨てられ、それぞれの事業所毎に「人捨て場」が作られた。この「人捨て場」を中国の人たちは万人坑（まんにんこう）と呼んでいる。

このような「人捨て場」たる万人坑は、かつて「満州国」として日本が占領支配した東北部から亜熱帯の南洋に浮かぶ海南島にまで至る広大な中国の各地に、数えきれないほど、それこそ星の数ほど作られたのだろう。そして、日本の敗戦から七十余年を経た二一世紀の今も万人坑は数えきれないほど現存している。主要な万人坑では、犠牲者の遺体を埋めた（捨てた）現場が発掘されて大切に保全され、巨大で近代的な博物館や資料館を備える追悼施設（教育基地）として整備され何十カ所もが公開されているので、誰でも（もちろん日本人も）いつでも万人坑を確認することができる。

また、宣伝になり恐縮だが、中国人強制連行・強制労働と万人坑に関わる五冊の書籍を私は出版している(注03)・(注22)〜(注25)ので、それらにぜひ目を通してもらえればと思う。

本多勝一さんの『中国の旅』

前節と前々節で、中国本土における中国人強制連行・強制労働と万人坑について概要を紹介したが、そのような強制労働に関わる惨劇を含む日本による中国侵略の実相を、一九四五年の敗戦を経て新しい日本国憲法の下で四半世紀を過ごしても、ほとんどの日本人は認識することはなかった。

その原因は、中国人を強制労働させ命を奪った民間企業の従業員も経営者も、中国の人々に対し暴虐の限りを尽くした元日本軍兵士も将官も、自らが犯した残虐非道な行為や残忍な罪行に口を固く閉ざし、自らの犯罪行為を決して語らず沈黙を貫いたからだ。さらに、天皇を頂点とする侵略戦争の指導者たちももちろん

実相を隠し、自らの責任に関わる一切を明かさなかったからだ。（注A）

（注A）中国帰還者連絡会の会員らごく一部の例外的な人たちは、侵略の実相を真摯に記録し語り伝え続けた。（注27）しかし、無責任な日本社会の中では、そのわずかな声は無視された。それどころか、侵略の実相を語り伝える人たちは、中国に「洗脳」された「アカ」などと非難され、社会から不当に排除された。そのようにして彼らの真摯な訴えは圧殺され、ほとんどの日本人に彼らの声が届くことはなかった。

こうして、敗戦から四半世紀が過ぎても、日本が引き起こした侵略と加害の実態をほとんど知ることがなかった大多数の日本人に、日本の社会に強烈な衝撃を与えることができる大きな影響力を持って、日本による中国侵略の具体的な情況を初めて伝えたのは、一九七一年に中国を訪れ、取材した結果を朝日新聞などにルポとして連載するなどした本多勝一さんだろう。戦後の日本社会において画期的だと断言してよい貴重な「仕事」をしてくれた本多勝一さんと、本多勝一さんの著書である『中国の旅』（注28）についてこの節で紹介しておきたい。

さて、朝日新聞の記者だった本多勝一さんは、日本と中国の間に国交がまだなかった一九七一年の六月から七月にかけて約四〇日間にわたり中国を訪れ各地で取材した。その取材の目的を本多勝一さんは『中国の旅』に次のように記している。

「私（本多勝一さん）の訪中目的は……戦争中の中国における日本軍の行動を、中国側の視点から明らかにすることだった。それは、侵略された側としての中国人の『軍国主義日本』像を、具体的に知ることでもある。とくに日本軍による残虐行為に重点をおき、残虐事件のあった現場を直接たずね歩いて、生き残った被害者たちの声を直接ききたいと考えた。戦後二六年すぎた今の時点で、こうした取材を思いたったおもな理由は、ほぼ次の五点に要約できる。

①日中の正式国交が、かくも長いあいだ断絶したままでいることの異常さ、国交回復の重要さについては、改めていうまでもない。だが日中国交を問題とするとき、中国に侵略した日本の過去について、日本側がもし不問のまま、責任ある何の具体的態度も示さずにのぞむとすれば、好ましい進展はとうてい期待できない。日本政府はこの点について過去二六年間、ついに一度たりとも何らかの調査なり公式態度の表明なりをしたことがなかった。またマスコミュニケーションにおいても、これを真に正面からとりあげ、それに応じた質と量とをともなう記録として国民に知らせる努力をしたとは考えられない。これは日本のすべてのジャーナリズムの責任でもある。

②その結果、中国人が千何百万人も殺されたというような事実を、一般の日本人は噂ていどに、抽象的にしか知らず、中国侵略とは具体的に何であったかも気づかず、それが結局は、たとえば靖国神社国家護持運動のような、歴史の歯車を逆転させようとする力によって利用される結果にもつながってゆく。（③以下は略）」(注29)。

このような目的を持って本多勝一さんが中国各地で取材した結果は、一九七一年八月末から一二月までの間に四部にわけて『朝日新聞』で報道され、『朝日ジャーナル』および『週刊朝日』にも連載された。また、写真の一部は『アサヒグラフ』にも掲載された。

朝日新聞を核とする一連の報道は、日本中に深刻な反響をまき起こした。当時すでに、朝日新聞の著名な記者として知られていた本多勝一さんが、「これまでにさまざまなルポルタージュを書いてきましたが、今回のルポほど深刻な反響が返ってきたことは、予想されたこととはいえ、初めてでした（注30）」と記すほどの大きな反響だ。

また、これらの一連のルポをまとめ、さらに加筆された貴重な記録が、単行本『中国の旅』として一九七二年に刊行された。一九八一年には同名の文庫本も刊行されるが、『中国の旅』は長期にわたり何十刷も増刷され、一大「ベストセラー」になっている。

ともあれ、一九七一年に『朝日新聞』や『朝日ジャーナル』等に連載され報道された本多勝一さんのルポにより、日本による中国侵略の非道な実態を、敗戦から四半世紀を経た後で多数の日本人が初めて知ることになるのだが、本多勝一さんのルポの中に、中国人強制連行と万人坑に関わる現場として大石橋マグネサイト鉱山の虎石溝万人坑が記録されている。この虎石溝万人坑における凄惨な強制労働は、侵略者の日本による中国に対するさまざまな加害事例の中でも本多勝一さんがとりわけ驚かされた残虐な犯罪行為であり、その衝撃を次のように記している。

「私（本多勝一さん）が見たのは、（大石橋マグネサイト鉱山の主要な）三つの万人坑のうち『虎石溝万人坑』である。私はまだ、ナチがやったアウシュヴィッツ殺人工場の現場を見たことはない。だからこの万人坑のような恐ろしい光景は、生涯で初めてだった。『不忘階級苦』（階級の苦しみを忘れまい）と正面に書かれた入り口からその中へはいったときの衝撃は、私の脳裏に終生消えることのないであろう擦痕《さっこん》を残した。累々たる骸骨の丘だ。その断面は、骸骨で地層ができている。これが万人坑とよばれる『ヒト捨て場』であった。

骸骨の一つ一つを見てまわる。針金で足をしばられた者が何体もあった。酷使によって倒れた者を、まだ生きているうちに捨てた証拠だという。胸の上に大きな石がのせられている者。生きたまま捨てて、大石で殺したあとだと、説明者が言った。両手で頭をかかえた格好の者。二人いっしょにしばられている者……。

断面をよくみると、頭や手足の骨が何重にも積み重なって、何メートルとも知れぬ高さだ。この建物は、このような骸骨の大きな丘の上にたてられ、建物の広さに当たる部分の表面だけをこのように見やすくしたものである。したがって建物の周囲はそのまま骸骨の地面だ。少し離れて、やはり表面から土を除いて見やすくしたガラス張りの小屋が二軒ある。

万人坑は、どのようにして可能だったのだろうか。生存者や脱出者たちからの当時の様子を聞いてゆくうちに、これは平頂山事件やソンミ事件などのような派手な虐殺よりも、むしろもっと恐ろしい地獄であることを知った。殺人の量からみても、一挙に三〇〇〇人殺された平頂山事件に対して、万人坑はまさに『万』の単位だというのだ。しかもそれは、直接的な軍隊によるのではなく、形としては『民間人』の経営する鉱山での日常の行為であった」[注31]。

このように、大石橋マグネサイト鉱山万人坑についても紹介されている本多勝一さんのルポは、敗戦から四半世紀後の一九七一年に朝日新聞等で報道され日本中に大反響をまきおこし、書籍として発行された『中国の旅』も日本中で圧倒的に支持され何十刷にもなる増刷を続け一大「ベストセラー」になったので、大石橋マグネサイト鉱山は多くの日本人に知られているのだろう。

しかし、中国本土（大陸）における中国人強制連行・強制労働と万人坑に関わる報道は、本多勝一さんのルポが発表されたあとは、それからほぼ半世紀後の今日に至るまで、多くの人々に情報を伝えることができる主要なジャーナリズム（マスコミ）ではほとんどなされていないだろう。また、研究者や専門家による学術研究の世界でも、中国本土における強制労働と万人坑についてはほとんど扱われていないのではないかと思われる。（しろうとの私（青木）が知らないだけで、実際にはきちんとした研究がなされているのであれば、その旨を教えていただけると有難い。）それゆえ、本多勝一さんの『中国の旅』以外には、万人坑に関する情報にほとんどの日本人は触れることができないので、大石橋マグネサイト鉱山万人坑（虎石溝万人坑）は、日本で最も知られている最も有名な万人坑ということになるのだと思う。

大石橋マグネサイト鉱山万人坑

前節で、大石橋マグネサイト鉱山万人坑は、日本で最も有名な万人坑ということになるのだろうと記した。そこで本節では、李秉剛《リビンガン》著『万人坑を知る』[注32][注33]等を参照し、本多勝一さんの『中国の旅』[注31]で一部を補いながら、大石橋マグネサイト鉱山と万人坑について簡単にまとめておくことにする。（ちなみに、マグネサイト（炭酸マグネシウム）は、軽金属材料として重要な金属マグネシウムに製錬されて利用されるほか、酸化マグネシウムに焼成され、高炉の建築材などにも使われる耐火煉瓦の材料になる。）

さて、一九〇九年に南満州鉄道株式会社（満鉄）地質調査所が大石橋のマグネサイト鉱床を調査し、高品質なマグネサイトが豊富に埋蔵されている世界でも有数の優良なマグネサイト鉱床であり、そのうえ露天掘りも可能であることを発見（確認）する。

しかし、当時の中国では、鉱山の採掘権を日本人が取得することはできないので、満鉄は、地元の権力者（中国人売国奴）を通して軍閥と地方官吏をまず買収する。そして一九一五年に満鉄は、大石橋マグネサイト鉱山の主要な鉱床の一つである聖水寺マグネサイト鉱床の採掘権を中国人名義で取得する。続けて一九一七年には、別の中国人売国奴の名義で高荘屯と平二房のマグネサイト鉱床の採掘権を取得し、マグネサイトの採掘（略奪）を開始する。

一九二〇年になると満鉄は、大石橋マグネサイト鉱山の経営権を財閥の高木陸郎に譲渡する。[注34] 鉱山の経営権を満鉄から譲り受けた高木陸郎は、三井物産など八つの会社の協力を得て南満鉱業株式会社（以後、南満鉱業）を設立し、大石橋マグネサイト鉱山の経営に乗り出す。

一九三一年に日本が満州事変（中国の呼称は九・一八事変）を引き起こし中国東北部（「満州」）を支配すると、「満州」に進出している日本企業の経営の進め方は、日本軍の虎の威も利用し政治的かつ暴力的になる。南満鉱業も例外ではなく、他の日本企業と同様に苛烈で理不尽な労働を中国人労工に強制し、資源を強引に略奪するようになる。

「満州国」政府と日本の企業は一九三五年に満州鉱業開発株式会社を新京（現在の長春）に設立し、南満鉱業にも投資する。これにより南満鉱業は大型の鉱業公司（会社）になる。

一九三七年に南満鉱業は大連から大石橋に本社を移し、八つの課からなる統治組織を整備して中国人労工に対する管理と支配を強め、郊外の丘陵地帯にある八カ所の採鉱場と、大石橋の町に近い二カ所の耐火煉瓦製造工場を操業する。二カ所の耐火煉瓦製造工場のうち大石橋市街に近い方の第一工場が大石橋工場、マグネサイト鉱山に近い方の第二工場が聖水寺工場になる。

南満鉱業の労働者は一万五〇〇〇人ほどに増加し、最も多いときは二万人にもなるが、どのような人たちが労働力として働いていたのだろう。この点については、本多勝一さんの『中国の旅』に記されている、大石橋マグネサイト鉱山の革命員会副主任である張慶濤さんの説明[注35]の要点を記しておこう。

まず、形の上では一応「賃金」が支払われている労働力は次の四種類になる。

①少年工と女工（三四から三五パーセント）――大人の男の半分から三分の一の賃金で使われる。

②いわゆる「華工」（三〇パーセント）――「いい条件で働かせる」などとだまして募集し、華北の山東省や河北省など遠方から連れてきた人びと。

③臨時工（二五パーセント）――比較的近くに住んでいる、植民地政策で破産した農民たち。ひどい労働だと分かっていても餓死するよりはましだと思い、仕事を求めて鉱山にやってくる。

④里工（一〇パーセント）――大工とか佐官などのように技術を持つ職人。前三者よりわずかに待遇がよい。

しかし、賃金が支払われるといっても、もともとの賃金が極めて低いうえに、二割余は頭目にピンハネされる。さらに、残りの半分は、一般の商店より商品の値段が高い鉱山の売店でしか使えない切符で支給される。最後に残るわずかな現金も、「報国献金」や「生命保険」などの名目で天引きされるというような状況だ。

次に、賃金なしのダタでこき使うことのできる労働力は次の三種類になる。

①犯罪人――囚人の懲役労働。しかし、囚人とは言うものの常識的には犯罪とは無縁の普通の人たちがほとんどを占める。（大石橋刑務所の収容者一〇〇〇人、矯正院の収容者六〇〇人も含まれる。）

②労工――強制連行で狩り集めてきた者。

③勤労奉仕隊――「満州国」の軍隊の徴兵検査で不合格になったため、徴兵のかわりに服役させられた者。

これらの人たちが、警備課・警防課・調査課という三つの課で構成される弾圧組織による監視・監督の下で、夏場には一日に一五時間、冬場でも一日に一二時間にもなる長時間の過酷で危険な作業を強要されるのだ。「『高木六郎』（高木陸郎）という当時の社長は『中国の苦力《クーリー》なしにはわが社もなく、苦力がわが社にはいれば、その肉も骨もわしのもの』と公言したという」(注35)。

家畜以下の貧弱な食事しか与えられない中で苛烈な労働を強制された人たちはたちまちやせ衰え、多くが過労死（衰弱死）する。また、伝染病や、安全無視の危険な作業による事故や、監督者や弾圧組織による理不尽な暴行や虐待で命を落とす者も多い。本多勝一さんの『中国の旅』には、大石橋マグネサイト鉱山で凄惨な労働を強いられた何人もの中国人被害者から直接聞き取った証言が記録されているので、ぜひ読んでもらいたい。

こうして、大石橋マグネサイト鉱山における過酷な労働で命を奪われた中国人労工は一万七〇〇〇名になる。その結果、大石橋市百寨鎮の虎石溝と馬蹄溝と高荘屯の三カ所に主要な万人坑が残された。そして、一九三一年から一九四五年の間に採掘（略奪）されたマグネサイト鉱石は四四〇万トンになる。

Sさんの手記

南満鉱業で直接働いていた日本人は、大石橋マグネサイト鉱山における強制労働の凄惨《せいさん》な実態と人捨て場としての万人坑について、それぞれの職務や立場や職責に応じて程度の差はあれ知っていただろう。しかし、鉱山の業務に関わった人たちは箝口《かんこう》（他人の言論を束縛すること）を徹底的に強制され、南満鉱業と自身の許されるはずもない理不尽で残忍な加害行為について彼らのほとんどが口を閉ざし、一切の事実を隠し続けたのだろう。他の、ほとんど全ての日本人加害者と同様に、南満鉱業に関わった彼らも、敗戦後の混乱した状況下の日常や、中国から日本に引き揚げるときの苦しい状況など敗戦後の苦労話はどれだけでもするのに、日本人が君臨していた時代に中国で行なった中国人に対する残虐な仕打ちや加害行為については、箝口令をしかれたことも言い訳の一つとして自身の内ですがりながら口を閉ざし、一切を隠し通すのだ。

それでは、南満鉱業で働いていた日本人の家族は、大石橋マグネサイト鉱山における強制労働の実態や万人坑について知っていたのだろうか。これについては、私（青木）の知人の祖母であるSさんが亡くなる前に書き遺した私的な手記を見る機会があったので、その一部を紹介しておきたい。

Sさんは一九一六年（大正五年）生まれで、夫が南満鉱業に勤めていた。そのSさんが亡くなる前に書いた相当に長文の手記の中から、「満州」移住と大石橋に関わる部分を見てみよう。Sさんは、家族のことや自身の生い立ちについて手記に詳しく記したあと、次のように書いている。

「……両親にすすめられ、今だったらとてもその気にならなかったと思うのに、親にまかせ、見たことも会ったこともない、写真だけで結婚しました。当時主人は三十才、私は二十四才でした。大地主の次男でしたが、坊ちゃんで、家事は一切出来ない人でした。東京高円寺の駅の近くに小さな借家を我が家とし、平和に暮らしておりましたら、長女が産まれ、主人の父や私の両親も東京見物に来て満足して帰りました。

主人は当時NHK入社五、六年でしたが、学校も一緒、勤めも同じという仲良し友人がいました。その頃日本は満州を我が物としていましたが、開拓団をつのり、満州に行けば広い大地に何坪かの土地を無償でと呼びかけていたので、せまい土地や他人の土地を借りて、わずかの手間で生活している貧しい人々は、喜んで満州に出かけました。うちの主人と友人も元々血の気の多い人、平凡なサラリーマンに飽き足りなく、何か面白い事があるに違いないと、友人はいちはやくＮＨＫを退社、満州へ行ったのです。それから良い仕事があるから出て来いと誘われて、遂に日本を離れることになりました。

一六年（一九四一年）六月、神戸から船で、どうゆう道順を通ったか分かりませんが、戦争はすでに始まっていました。本当に、この戦争が無かったら、日本人はあんなに悲しい辛い思いをしなくても良かったのにと思わずにはいられません。でもその頃はまだまださか負けるとは思わず、気分はのんびりしていました。

神戸から乗船、どのような道を通ったのかわかりませんが、大連へ上陸。それから汽車で満州国大石橋へ。アパートの一室が待っていました。大石橋の街は道路が広く、歩いている人々の数が少なく、商店も少なく、なんとも心細い思いをしました。主人の仕事は南満鉱業ＫＫなる会社で、日本人は監督をし、満人《ママ》を使って鉱山を掘っていました。耐火煉瓦の高炉を造る為の岩石堀りらしいのです。

そして長女が二才半頃になった時に、二度目の妊娠です。そこで考えましたが、病院は満鉄病院が一つあるだけ、お産の事を相談する人もいないので、これはやっぱりどうしても母の所へ帰り、お産をと思い、十九年（一九四四年）五月頃、二才半になった女の子を連れ、カバン一つ持って、大石橋から汽車に乗り、朝鮮半島を縦に下り、何時間かかったか、言葉も分らず、たしか釜山より玄界灘、船でようやく博多へ、福岡から下関、岡山を通り、琵琶湖を見て、ようやく○○へ。今思い出しても六十何年前の事、五ヶ月のお腹を抱え、若かったとはいえ、よくそんな事ができたと自分でさえ、信じられないくらいです。そうして十九年

（一九四四年）十一月、無事男の子を出産しました。その子も今は立派な親になりました。

　私も子ども三人の親になりましたが、しかし、それから色々な大変な事があり、私の人生は波風の多いものでした。

　二十年（一九四五年）二月満州から主人が迎えに来ました。今度は子どもが二人だから来たのです。○○駅も大変で、戦争も大変危なくなってきて、疎開する人、荷物を出す人で駅は一杯。やっと窓から押し込まれて、産まれて三ヶ月になったばかりの赤ん坊をおぶって、四人やっと汽車に乗り、再び大石橋へ。今度も玄界灘を通り、やっと我が家にたどり着きました。二十年（一九四五年）二月です。

　五月になり、やっと落ち着いたかと思ったら、今度は現地召集で、主人は三十五才でした。兵隊です。最後の召集です。駅前の広場に会社からも何人も集まり、私も子どもを連れて見送りに行きました。

　そして八月終戦です。主人は行方不明となり、毎日今日か明日かと待っておりましたが、半年ばかり何の便りもなかった或る日、見知らぬ人が訪ねてきました。その人は負傷して、今まで病院にいましたが、大分良くなったので、許しを得て、自分の家に帰る所でした。うちの主人も今病院に入院中だが、終戦後は薬も食料も不足して、その他の皆さんも大変困っているので、何とか食料を持って来てくれと、主人から頼まれたのだと伝えてくれました。

　銀行も郵便局も満人《ママ》にうばいとられて貯金もなく、日本人はほとんどみじめな有様となり、小さい子供二人を抱え、どうしたらよいか分らない時でしたが、とにかくお米を買って、握り飯やおすしを持って、それをどうして届けられるか色々考えた末、いつも何かと世話になっているおばさんは満州には長い人で、その方に相談しました。満鉄の鉄道の機関区に働いている人がいるからと頼んでくれ、その方のおかげで、汽車に乗せてもらいました。

　上の子はそのおばさんに頼みましたが、日本人は駄目、まして女は危険だからということで、男装をして石炭の積んでいる箱の上に乗り、赤ん坊はねんねこで包んでおんぶして、石炭のくぼみに外からなるべく見えないように隠れて、海城まで、雪の降る中をやっと着きました。

　海城には大きな病院があり、訪ねていきましたが、そこにはいませんということで、困っていたら、その病院で、『もう夜だし、一晩泊まっていきなさい』と言われ、一泊させてもらって、とても嬉しく助かりました。次の日、看護婦さんの話で、馬の家というか、病院が足りない為、病院代わりに負傷兵を入院させているところがあるということで、訪ねていきました。本当に骨と皮の様にやせて、青い顔で出てきて、びっくり致しました。持ってきた物を渡し、帰ってきましたが、それから二ヶ月ばかりして、ふらふら一人帰って来ました。

　話をすればきりが無いくらい、色々の事があるのです。先ず主人の軍隊での話です。最初は先ず、兵舎の中庭で新兵の訓練の始まりです。集まった男達は広場の中をかけ足で、銃をかついで走り回ったり、その内、俵の中に石と砂がつまったのを、走りながら一人一人に投げ込まれたりしました。それを受け取るのに皆一生懸命で、お父さんはそれを受け取った時に、胸にミシッと音がしたそうです。そして夜になり、胸が痛くなり、熱が出始め、二、三日後には熱がなくなったものの、体が動かなくなったので、軍医に診てもらったら、ろくまくになっていて、水が溜まり、それが膿になり、骨を腐らせているそうで、直ぐ手術が必要ということでした。丁度終戦の時で、日本軍はあちらこちらと移動させられ、薬も食料も不足の有様で、それでも軍医の方のおかげで、死ぬ事もなく、長い間苦しみましたが少しずつ良くなり、同じ土地に家族がいるなら、自分で歩けるようになったら家に帰ったらよいだろうといわれて、帰ってきました。が、まだ胸は完全ではなく、病人でした。胸の骨、鎖骨を残し、右の肋骨を全部を切り取ったのです。

とにかく日本人は、こうりゃんを食べ、着ている物を売って生活していました。結婚する時に母の心づくしの品々、客用ふとんや座布団、それから一生着られるかと思うくらい、色々の着物を持たせてくれたのに、それも二枚三枚と食物に変わってしまったのです。その頃困ったことに、ソ連兵が北の方から次第に南方に下って、大石橋までやって来ました。そして女性に悪い事をするので、家の廻りに板を打ち付けて昼も鍵をかけ、女同士一緒に生活したり、男装して買い物に出たりで、皆苦労しました。

そして終戦から一年、二十一年（一九四六年）七月、遂に引揚命令が出ました。各自衣類は一枚ずつの制限つき、貴金属も禁止でした。リュックサックに出来るだけ子供の衣類を詰め込んで、古いかばんに食料（小麦粉、麺類、イモ類）を入れ、それぞれに手を引いて、屋根のない貨物列車に乗り、海に近い兵舎のような所に入れられ、七、八十人近い人々が一緒に船が来るまで生活したのです。当番を決め、なんとか一週間程待たされて、やっと一同乗船へ。又玄界灘を通過、今回は風雨共に激しく、ゆれて、子供を両手に抱きしめて、生きた心地もなく、でも幸い子供達はなんとか病気にもならず、苦しい船中でしたが、やがて博多へ上陸です。全身消毒剤をかけられ、一人千円、我が家は四人で四千円を頂いて、貨物列車に乗って○○へ、やっとの思いで引き揚げてきたのです……」。

ここに引用したSさんの手記には、南満鉱業に関わる記述は少なく、次のように記されているだけだ。

「大石橋の街は道路が広く、歩いている人々の数が少なく、商店も少なく、なんとも心細い思いをしました。

主人の仕事は南満鉱業KKなる会社で、日本人は監督をし、満人《ママ》を使って鉱山を掘っていました。耐火煉瓦の高炉を造る為の岩石掘りらしいのです」。

自身の出生から老齢に至るまでの長い人生について記している相当に長文の手記の中に、南満鉱業に関わる記述はこれだけしかないので、大石橋マグネサイト鉱山における強制労働の実態や万人坑についてSさんがどれくらい知っていたのか本当のことは分からない。しかし、夫が働いていた南満鉱業の事務所などはともかく、マグネサイト鉱山の採鉱現場や耐火煉瓦工場の作業現場や人捨て場である万人坑には近づくことすら許されず、中国人労工の姿を目にすることも全くないまま、南満鉱業の実情について詳しいことは何も知らなかったのではないかと思う。

とはいえ、「日本人は監督をし、満人《ママ》を使って鉱山を掘っていました」という記述から、日本人が支配する側に立ち、中国人（満人）を支配される側に位置づけている「満州国」の差別的な社会構造を総体としてはよく理解していたのだと思う。そして、そのような差別に矛盾を感じないように教育（強制）されている他のほとんどの日本人と同じように、心情としては許せなくても、満州国の理不尽な社会構造を受け入れざるを得なかったのではないかと思う。

そして、ほとんどの日本人が話したり書いたりするのと同じように、日本が支配していた時代のことにはあまり（ほとんど）触れないで、敗戦後の苦労話についてはたくさんのことを記述している。自身と日本の加害責任を、良心の呵責《かしゃく》にさいなまれながらも当初は意図的に隠し、そして、敗戦後の無責任な日本社会の中で何十年も暮らすうちに忘れ去ってしまっているのだろう。

Sさんの孫になる、私（青木）の知人は次のように話してくれる。「祖母は、加害者としての意識を持っていなくて、被害者だと思い通して生きてしまった。命からがら満州から逃げ帰ってきたと思っていて、家族もそのように理解している。ましてや、祖父の仕事の内容は家族の誰も知らない。中国の思い出を祖母が話そうとするたびに、祖父が嫌がって口止めしていたと母から聞いています。祖父母は私に、『戦争中は食べ物が無かったんだから、残したらバチがあたるよ。ちゃんと食べなさい』といった文脈でしか戦争について話したことはなく、祖母に良心の呵責があったのかどうかは、孫である私には分かりません。中国から帰ってきた人びとは多かれ少なかれ自分を被害者だと位置づけ、加害の問題を見ないようにしたのかなと思う。そこに、問題の本質の一端があるのではないかと感じている」。

戦後民主主義と言われる時代を経ても、日本の侵略犯罪・戦争責任について日本人が総体としては認識できなかった理由の一つはこんなところにあるのだと思う。

第一章　注記

（注01）西成田豊著『中国人強制連行』東京大学出版会、二〇〇二年
（注02）杉原達著『中国人強制連行』岩波書店、二〇〇二年
（注03）青木茂著『華南と華中の万人坑――中国人強制連行・強制労働を知る旅』花伝社、二〇一九年、二三七頁
（注04）高嵩峰・李秉剛編著『走过地狱――日本侵华期间幸存劳工的回忆』東北大学出版社（中国‐瀋陽）、二〇一三年、二三六頁
（注05）高嵩峰・李秉剛編著『私は地獄へ行ってきた――中国東北部、旧日本軍占領地区の生存労工の記憶』遼寧大

学出版社（中国-瀋陽）、二〇〇九年、二六九頁
（注06）笠原十九司著『日本軍の治安戦――日中戦争の実相』岩波書店、二〇一〇年、一三一頁
（注07）中央档案館・中国第二歴史档案館・河北省社会科学院編『日本侵略華北罪行档案2戦犯供述』河北人民出版社（中国-石家庄）、二〇〇五年
（注08）笠原十九司著『日中戦争全史』上・下、高文研、二〇一七年、下巻二五九頁
（注09）（注06）二一七頁
（注10）（注03）二〇四頁
（注11）李秉剛著『万人坑を知る――日本が中国を侵略した史跡』東北大学出版社（中国-瀋陽）、二〇〇五年、一一〇頁
（注12）（注11）一一三頁
（注13）（注11）一五三頁
（注14）（注03）六二頁
（注15）（注03）一一頁
（注16）斉藤日出治著『日本の海南島侵略（1939-45年）軍事占領から空間の総体的領有へ』大阪産業大学経済論集5（3）、71-88、2004-06-30
（注17）柴田善雅著『海南島占領地における日系企業の活動』大東文化大学紀要44号、一三三-一七〇頁
（注18）（注05）二六七頁
（注19）（注04）一三五頁
（注20）関東軍要塞群については次の資料などを参照
徐占江・李茂傑編『日本関東軍要塞（上・下）』黒龍江人民出版社（中国-ハルピン）、二〇〇六年
高暁燕・宋吉慶・他著『東寧要塞』黒龍江人民出版社（中国-ハルピン）、二〇〇二年

黒龍江省革命博物館・東北烈士記念館日本関東軍”満“ソ国境陣地遺跡考察団著、森川登美江訳『日本関東軍”満“ソ国境陣地に対する初歩的な考察と研究（上）』「北方文物」一九九五年第三期総第四三期

（注21）（注11）一二〇頁

（注22）青木茂著『偽満州国に日本侵略の跡を訪ねる』日本僑報社、二〇〇七年

（注23）青木茂著『万人坑を訪ねる――満州国の万人坑と中国人強制連行』緑風出版、二〇一三年

（注24）青木茂著『日本の中国侵略の現場を歩く――撫順・南京・ソ満国境の旅』花伝社、二〇一五年

（注25）青木茂著『華北の万人坑と中国人強制連行――日本の侵略加害の現場を訪ねる』花伝社、二〇一七年

（注26）中国帰還者連絡会については次の資料などを参照

中国帰還者連絡会・新読書社編『侵略――中国における日本戦犯の告白』新読書社、一九五八年初版、一九八二年新版

中国帰還者連絡会編『帰ってきた戦犯たちの後半生―中国帰還者連絡会の四〇年―』新風書房、一九九六年

中国帰還者連絡会広島岡山支部編『転落と再生の軌跡―中国戦犯は如何に生きてきたか―中国帰還者連絡会広島岡山支部50年の歩み』私家本、二〇〇三年

星徹著『私たちが中国でしたこと―中国帰還者連絡会の人びと―増補改訂版』緑風出版、二〇〇六年

（注27）例えば、中帰連会員の証言などを記した次の書籍を参照（ほんの一例である）

島村三郎著『中国から帰った戦犯』日中出版、一九七五年

米村済三郎著『でたらめ兵隊行状記――満州・北支戦線とシベリア・中国捕虜収容所』共栄書房、一九八三年

朝日新聞山形支局著『ある憲兵の記録』朝日新聞社、一九九一年

永富博道著『山西残留秘史――白狼の爪痕』新風書房、一九九五年

新井利男・他編『認罪の旅――七三一部隊と三尾豊の記録』「認罪の旅――七三一部隊と三尾豊の記録」刊

行委員会、二〇〇〇年
熊谷伸一郎著『金子さんの戦争――中国戦線の現実』リトルモア、二〇〇五年
坂倉清・高柳美智子著『あなたは「三光作戦」を知っていますか』新日本出版社、二〇〇七年
金井貞直・歸山則之著『生きている戦犯――「いわゆる中共戦犯」誕生のプロセスと中国帰還者連絡会』「生きている戦犯」刊行委員会、二〇〇九年
小林節子著『次世代に語りつぐ生体解剖の記憶――元軍医湯浅謙さんの戦後』梨の木舎、二〇一〇年
鹿田正夫著『自分史―私と戦争と―大正・昭和・平成を生きて』私家本、二〇一一年
坂倉清著、坂倉本検討会編『安井清――兵士、捕虜、戦犯、語り部を生きる』Artist Action、二〇一二年

（注28）本多勝一著 ①『中国の旅』朝日新聞社、一九七二年 ②同名の文庫本、朝日新聞社、一九八一年 ③『本多勝一集14――中国の旅』朝日新聞社、一九九五年
（注29）本多勝一著『中国の旅』文庫本、朝日新聞社、一九八一年、一〇頁
（注30）（注29）三〇〇頁
（注31）（注29）一四七頁
（注32）（注11）五四頁
（注33）李秉剛主編『日本侵華時期遼寧万人坑調査』社会科学文献出版社（中国-北京）、二〇〇四年、三九九頁
（注34）吉塚康一著『高木陸郎と辛亥革命――盛宣懐の日本亡命を中心に』次世代アジア論集第8号
（注35）（注29）一五五頁

第二章　大東仁さんと大石橋マグネサイト鉱山万人坑

本多勝一さんが、一九七一年に中国に行き日本による中国侵略の実態を取材した結果を朝日新聞などに連載し、さらに、連載された記事に加筆してまとめた書籍『中国の旅』を刊行したことで、日本による中国侵略の実態を日本の敗戦から四半世紀を経て初めて多くの日本人が知り、大石橋マグネサイト鉱山万人坑も多くの人たちに認識されたことを第一章に記した。そして、大石橋マグネサイト鉱山万人坑は、おそらく日本で最も知られている最も有名な万人坑であると記した。

さて、「ベストセラー」になった本多勝一さんの『中国の旅』を読み、そこに記されている日本による数多くの侵略犯罪の中で大石橋マグネサイト鉱山万人坑にとりわけ関心を持った読者の一人が大東仁《だいとうさとし》さんだ。

大学生になってから『中国の旅』を読み大石橋の万人坑に衝撃を受けた大東仁さんは、大石橋の万人坑を自身の目で確かめることを第一の目的として中国に行くことを決意する。そして、大学三回生になった一九八五年の夏休みに、自身にとって初めての海外旅行で中国を訪れ、一カ月にわたり「一人旅」で中国各地を放浪し、念願の大石橋の万人坑を自身の目で確かめた。

その中国一人旅から三十数年を経た現在の大東仁さんは、愛知県一宮市にある真宗大谷派の名刹・円光寺の住職として、地域の人々と密接につながりながら日々を過ごしている。また、円光寺の住職であるのと同時に大阪経済法科大学アジア研究所の客員研究員でもあり、真宗大谷派名古屋教区教化センターの平和展スタッフとしても活躍している。そして、大石橋マグネサイト鉱山万人坑など中国に残る日本の侵略犯罪の跡を訪ねる訪中団を主宰し仲間と共に中国各地を歩き回るなど、さまざまな活動を通して中国と関わり続けている。そんな大東仁さんの生きざまを本章で紹介する。

歴史を学びたい、戦争を学びたい

愛知県尾西地方の野府村（通称。現在の一宮市開明）にある真宗大谷派の寺院・円光寺の住職夫妻の長男として一九六五年一月二〇日に大東仁《だいとうさとし》さんは生まれた。そして、僧侶である祖父から経（きょう）の読み方をお寺の子として自然に教わり、幼いころから経を読むことができるようになっている。

古い習慣や人情の残る野府村という地域社会で大切な存在になっている名刹・円光寺の長男坊である大東仁さんは、円光寺の将来の後継ぎとして近所の人たちから何かとかわいがられ大事にされ、すくすくと育ったのだろう。

しかし、大東仁さんは小さい頃に得度《とくど》（僧侶になること）してはいない。お寺の子であれば、満九歳になると得度する（僧侶になる）のが普通のことだが、大東仁さんの父は、自分で判断できる年齢になってから、僧侶になるかどうかを本人の意思で決めさせようとして、幼い息子に（娘にも）得度させることはあえてしなかったのだ。

さて、古き良き時代の習慣や人情の残る地域社会で、名刹である円光寺の長男坊としてのびのびと育った大東仁さんが、将来あるいは人生を左右することになったかもしれない「事件」に出会うのは、一九八二年の高校三年生のときだ。高校で日本史を担当する西先生が日本史の授業で万人坑について話してくれたのだ。

犠牲者の遺体がまとめて乱雑に万人坑に捨てられているという西先生の話を聞いて、日本人による中国人虐殺という史実自体をウソだと疑ったわけではないが、「遺体は一体ずつ丁寧に埋葬するのが当たり前だ。遺体がまとめて乱雑に捨てられたまま放置されているなどというのはウソだ」と思った。そして、その授業で西先生が万人坑を「ばんにんこう」と発音していたのを鮮明に憶えている。

高校を卒業し大学に進学するにあたり、なんとなく近代の歴史を学びたい、その中でも戦争について学びたいと思い、大東仁さんは史学科を志望する。そして一九八三年に奈良大学文学部史学科に入学する。歴史を学びたくて史学科を志望したのであり、悠久の歴史を感じさせる古都とか奈良にこだわるわけではなかった。

奈良大学に入学した大東仁さんは、学生の同好会である日本近現代史研究会に入会し熱心に活動する。また、大学の専門課程では近現代史を専攻する。

さて、一九八三年の大学一回生のとき、日本近現代史研究会が主催する新入生歓迎講演会に参加し、龍谷大学で近代史を研究している木坂順一郎教授の講演を聞いた。その講演の中で木坂教授が、史料（資料）を読むのもよいが、現場に行き現場を見るのが一番大切だと指摘することに感銘を受ける。また、北京近郊の盧溝橋に七五ミリ砲弾の跡が残っているという話も印象に残っている。

木坂教授の講演を聞いた大東仁さんは、現場を見るのが一番大切だということであれば、日本が侵略で甚大な被害を与えた中国、その中でも「満州」に行き、侵略や戦争に関わる史跡や現場を実際に見てやろうと心に決める。

それからは、中国や「満州」の侵略と戦争に関わる史実を学びさまざまな情報を得るため本や文献を探し回る。そんな時に、南都書林という奈良で有名な書店で、本多勝一さんの『中国の旅』を偶然に見つける。それまで大東仁さんは本多勝一さんのことを知らなかったが、『中国の旅』に記載されている日本による中国侵略の凄惨な実態に、それまでには感じたことがない強烈な衝撃を受ける。

それで、『中国の旅』には、日本の侵略により中国の人々が受けたさまざまな被害の情況が具体的に記録されているが、その中で特に気になったのは万人坑（大石橋の虎石溝万人坑[注01]）と平頂山だ[注02]。そして、「満州」に数えきれないほど現存している戦争遺跡に行く、その中でも特に大石橋と平頂山の万人坑を自身の目で実際に見て確認すると心に決める。この決意を実行に移すためいろいろと思案をめぐらし、三回生時の夏休みを利用して中国に行き、一カ月の一人旅を決行することを決める。

こうして「満州」を訪ねることを決めた大東仁さんは、長期にわたる中国一人旅の予行演習として、九州各地を巡る約一カ月の一人旅を二回生時の夏休みに実行する。九州の各地に残されている近現代史に関わる史跡や戦争遺跡を、国鉄の周遊券を利用して訪ね歩く旅だ。しかし、一カ月にわたる一人旅の日程や宿は行き当たりばったりで、宿が無ければ夜行列車に乗り、次の目的地に向かって移動しながら眠る。食事は、安食堂に入ったり商店でパンなどを買って食べたりで、自炊はしない。

そうしながら、博多・長崎・熊本・鹿児島・桜島など九州各地を訪れた。知覧陸軍特別攻撃隊や鹿屋海軍特別攻撃隊の記念館や、西南戦争に関わる史跡にも足を運んでいる。九州からの帰路の途中で広島と江田島も訪ねた。

大東仁さんの中国の旅

一九八五年の大学三回生時の夏休みに大東仁さんが決行する中国の旅は、本多勝一さんの『中国の旅』に記録されている中国各地のさまざまな被害現場のうち、本多勝一さんが「満州」で巡り歩いた史跡や被害現場を中心に訪ねて回る一カ月にわたる一人旅だ。

自身にとって初めてになる海外旅行で初めて中国を訪れるのだが、当時の大東仁さんの中国語の知識はほぼ皆無で、你好《ニーハオ》（こんにちは）・謝謝《シエシエ》（ありがとう）・再见《ザイジエン》（さようなら）と一から四までの数字くらいしか分からない。旅行案内書である『地球の歩き方』(注03)が中国の旅の唯一の頼りであり、旅の指南役として『地球の歩き方』だけを携行し、中国語の辞書も持たず、中国人との意思疎通は筆談でなんとかすると決めている。

そして、中国の旅の費用として、一五万円か二〇万円くらいを事前にアルバイトで貯めた。また、写真フィルムの代金は使用した分だけを後払い、使用したフィルムの現像と焼き付けはその店に依頼するという約束で、近所のカメラ屋から写真フィルム三〇本を借用する。

こうして、あれこれの手配なども済ませ、夏休みに決行する中国一人旅の準備を完了させる。行く先は「満州」だが、大石橋マグネサイト鉱山の万人坑を自身の目で確認することが最大の目的だ。そして、おおまかな予定では、上海経由で大連に入り、大連をしばらく探索したあと、汽車で北上し大石橋をめざすことにしている。

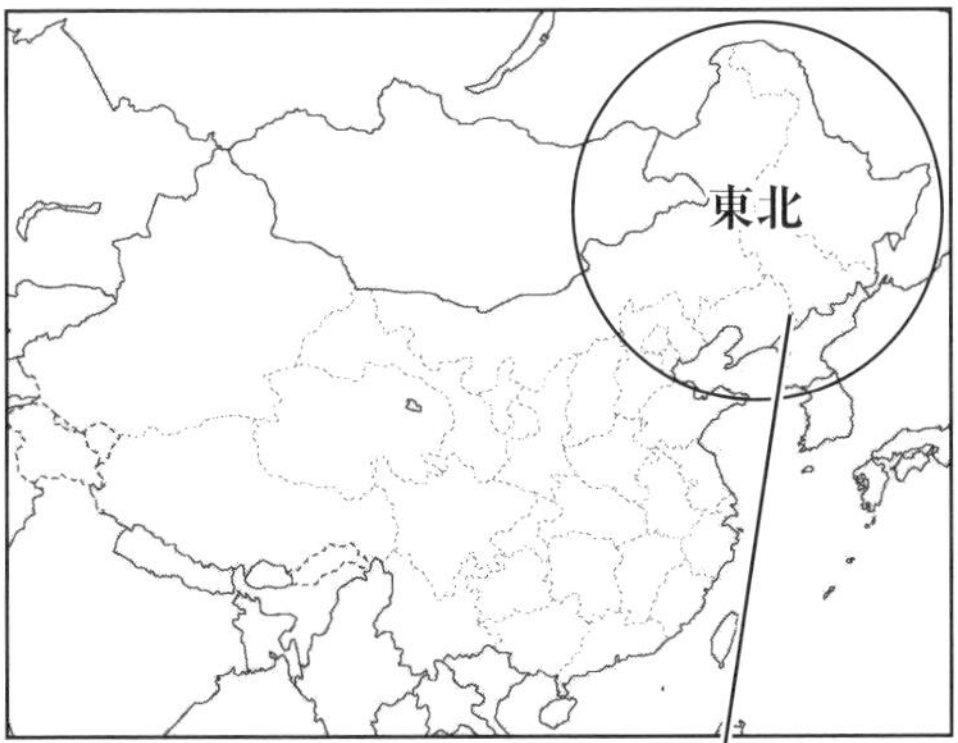

中国全土地図

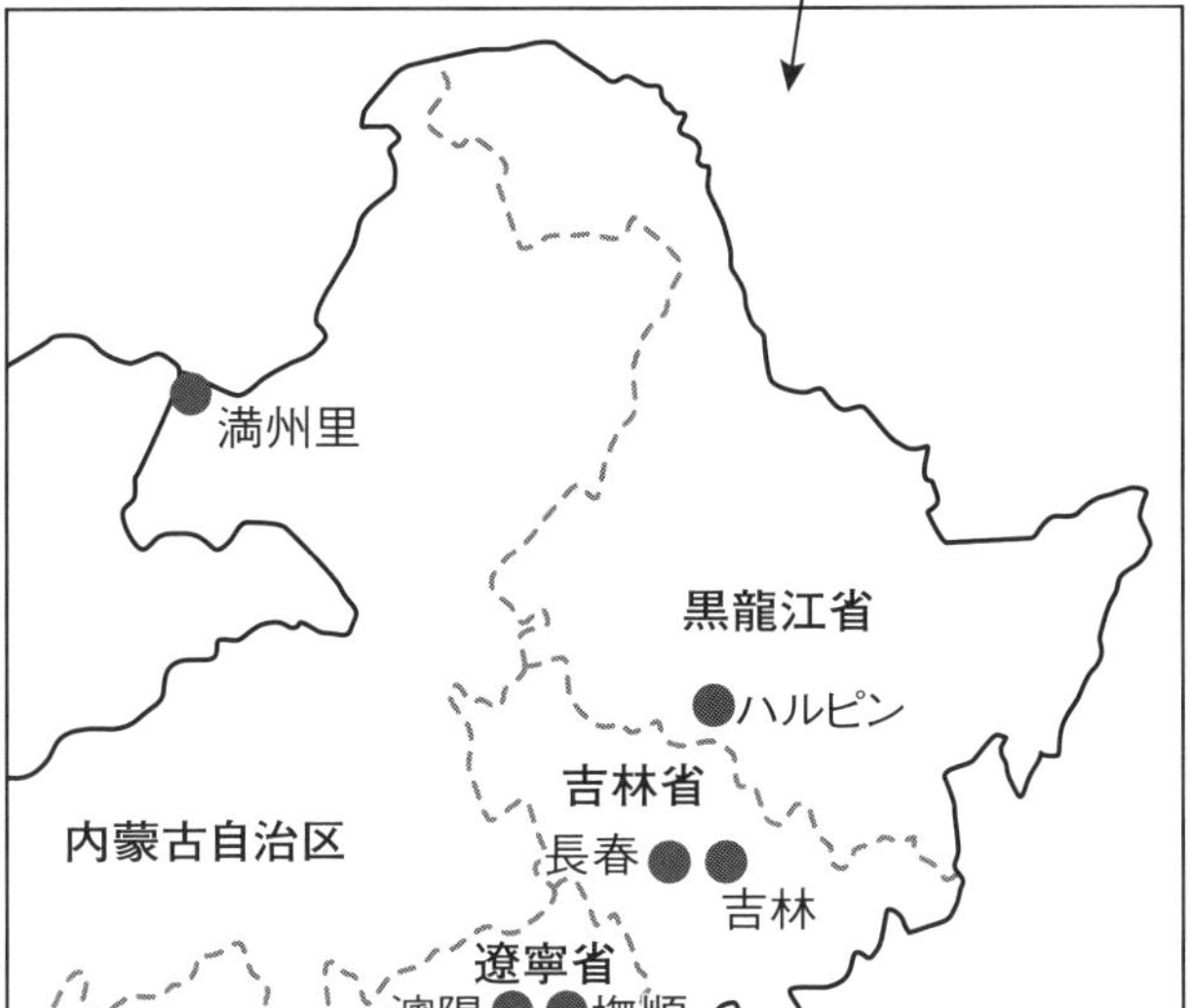

中国東北地図

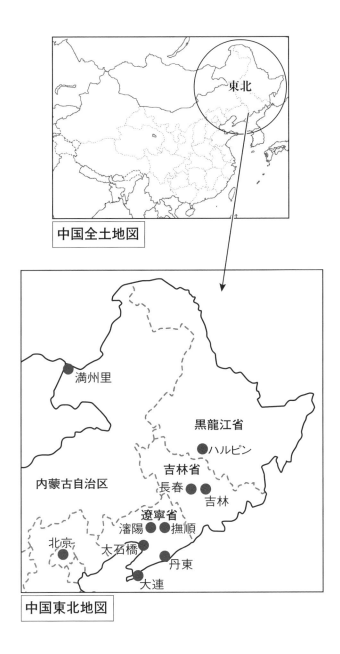

出発、そして大連にて

その年（一九八五年）に就航したばかりのフェリー鑑真号に七月三〇日に大阪南港から乗船し大東仁さんはまず上海に向かう。一年以上の期間をかけて準備してきた一カ月の中国一人旅がようやく実現するのだ。大東仁さんにとって初めての中国の旅は、まずは、上海までの二泊三日の船の旅になるが、フェリー鑑真号の雑魚寝の大部屋で偶然に同室になった杉本健吉さんといきなりめぐり合う。そして、この時が初対面の杉本健吉さんも、本多勝一さんの『中国の旅』の足跡をたどるため一人旅に出発したところだというのだ。大学二回生だが一浪しているので同い年の杉本健吉さんと大東仁さんは意気投合し、いっしょに中国を旅することになる。

そのあと、いろいろ話しているうちに、このときの中国の旅では『地球の歩き方』だけが頼りというのは杉本健吉さんも大東仁さんも同じだが、肝心の「教科書」としての『中国の旅』を杉本健吉さんは忘れてきたことが分かる。（杉本健吉さんは、沖縄の基地問題にも関心を寄せる「ロックンローラー」で、沖縄の三線（さんしん）もひきこなす。）

八月一日に上海に到着し、中国への入国手続きを済ませ、その日は上海で一泊する。次の日からの上海から大連への移動にもフェリーを利用し、二泊三日の船の旅になる。日本語のできる人が船中にいて、何かと世話になり助けられた。

さて、大東仁さんと杉本健吉さんは、中国で実質的に最初の訪問地となる大連に八月四日に到着する。そして、八月七日に大石橋に向けて出発するまで大連に滞在し、旧大連大和ホテル・中山広場・満鉄本社跡・大連駅・大連別院・旧日本人街・旧ロシア人街や、戦時中の日本の車両が使用されている路面電車などを見て回る。

この時の三日間ほどの大連探索で見聞したことと、その後の中国滞在中に体験したことを併せて大東仁さんが理解した当時の中国事情を、ここで少々まとめておこう。

ホテルは事前に予約をしていなくて（予約できなくて）、現地（各地）に着いてから現地で探して宿泊する。しかし、外国人が宿泊できるホテルは指定されているので、外国人（日本人）である大東仁さんらが宿泊できるホテルは限定される。そのため、宿泊先のホテルで日本人に会うことも多い。

ホテルの従業員は、仕事をしたくないと思っているので対応が良くない。空き部屋の有無を受付で尋ねると、実際には部屋が空いていても、宿泊できる部屋は無いと言われることも多い。どうしたものかと算段しながらホテルの待合室でウロウロしていると、しばらくしてから部屋があると言われて宿泊できるようになったことは何度もある。

ホテル代は、二人部屋で二〇元から四〇元（一七〇〇円から三四〇〇円）くらいだ。また、寄宿舎のようなところだと、寝台一台につき五元から一〇元（四二五円から八五〇円）も支払えば宿泊できる。ただし、その場合は、便所や浴室（シャワー）は共用のものを利用することになる。

日本円を中国元に両替する場合は、外国人専用の通貨である兌換券一元につき八五円の交換比率であり、円の価値は現在より低い。しかし、食堂街（屋台街）に行けば〇・一元でおかゆを食べれるほどに当時の中国は物価が安い。（当時、一米国ドルは、日本円で二四五円であり、中国元では二・九八元になる。）

外国人専用の通貨（兌換券）だと、街中の安食堂では食事をすることもできないので、百貨店などで人民元（中国人が使用する通貨）に換えることになる。その場合、兌換券一〇〇元で人民元一五〇元くらいと交換できる。また、ホテルの前などで「money change」などと声をかけてくる闇両替を利用すると交換比率が少し高い（兌換券の価値が高い）ことが後になって分かる。

米や小麦などの主食を買うには糧票（食糧配給票）が必要であり、外国人である大東仁さんらが食堂で主食を注文する時も糧票が必要になる。しかし、大きな町の大きな食堂であれば、糧票を持っていなくても適当に対応してくれる。一方、田舎町の小さな食堂だと、糧票を持っていない客の扱いに慣れていないので店の人が困惑する。代金を少し（五パーセントくらい）余分に払い主食を食べる（買う）こともあった。

今では当たり前になっている「ペットボトル」入りの飲料水も当時は存在していない。街中では、道路脇の露店などで、普通のガラスのコップにお茶を入れて販売している。

カメラは、上から覗く二眼レフ（二つのレンズをもつ長方形の箱状のカメラ）が主流であり、一眼レフカメラはまだめずらしい。大東仁さんが一眼レフカメラ（キャノンＡＥ１プログラム＝当時の最新型）を構えると、珍しがって中国人が集まってきて大騒ぎになる。

鉄道では、蒸気機関車とディーゼル機関車の両方が活躍している。

一九七二年九月二九日に田中角栄首相と周恩来首相が共同声明に署名し日中国交正常化が達成され、その後、一九七八年八月一二日に日中平和条約が署名されてから七年を経ている当時の日中関係は良好で、技術や経済面で中国は日本と関係を強めている。

歌手の山口百恵の人気がとても高く、あちこちで山口百恵の評判を耳にした。

あと、当時の中国では、外国人の立ち入りを禁止する未開放区や、立ち入りを制限する準開放区が広範に設定されている。旅行案内書『地球の歩き方』に、未開放区や準開放区に入るには「外国人旅行証」(立入許可証)が必要だと案内されているので、大東仁さんと杉本健吉さんは大連市公安局の外事課に行き、準開放区に指定されている大石橋への「外国人旅行証」(立入許可証)を取得している。手続きは簡単で、発行手数料の一元を支払えば誰でも容易に取得できるようだ。取得した「外国人旅行証」には、姓名・国籍・旅券番号・旅行先(大石橋)・交通手段(汽車)・有効期間(一九八五年八月一〇日)が記載されていて、中華人民共和国公安部出入境管理局の赤色の印が押されている。しかし、旅順は未開放区なので立入は認められなかった。あとは、少し先の話になるが、大石橋市を訪ねた大東仁さんが大石橋市の市長本人に「外国人旅行証」を見せると、市長は、大石橋市への「外国人旅行証」を初めて見たと返答している。

三十数年前に大東仁さんが感じた中国事情はこのようなものだ。一般に語られる中国事情とは異なることがあるかもしれないが、けっこう興味が湧くと思う。

さて、初めての中国の旅で実質的に最初の訪問地となる大連で三日間ほど過ごした大東仁さんと杉本健吉さんは、瀋陽までの汽車乗車券をそれぞれ八元で購入し、八月七日に大連を出発し営口県大石橋に向かう。

大石橋と呉献貴さん

瀋陽から乗車した汽車は八月七日の夜中に大石橋駅に到着し、駅前にある安宿に大東仁さんらは宿泊する。その翌朝に、大石橋の駅前から郊外に向かう路線バスに乗り(運賃は〇・一二元)、大石橋マグネサイト鉱

呉献貴さん（中央）と大東仁さん（左）と職員の李さん
呉献貴さんは日本語の教師だった。

山の万人坑に近い南楼にある大きな工場に向かう。そして、その工場の入口の前にあるバス停に到着すると、いっしょに乗り合わせている人たちから、ここで降りるようにと教えられバスを降りる。朝の一〇時頃だ。宿の従業員や町の人たちは万人坑のことをよく知っていて、このバスに乗れ、ここで降りろなどと、不案内な日本の若者に対し何かと気をつかい親切に声をかけ面倒をみてくれる。

それで、事前に教えられている大きな工場に行き、入口にある受付で、万人坑を見に来たのだと係員に伝える。すると、万人坑記念館は閉まっていると返事が返ってくる。それで、昼休みの休憩中ということかと聞き返すと、数年前から閉鎖されていると返事が返ってくる。お互いに要領を得ないまま、対応に困った受付係が電話でどこかに連絡すると、ジープ型の自動車が迎えに来る。そして、工場内にある事務所に大東仁さんらを乗せていってくれた。

案内された事務所で椅子に座ってしばらく待っている

と、初老の男性が事務所に現われる。その人が、この時から大東仁さんと長い付き合いになる呉献貴《ごけんき》さんだ。呉献貴さんは、会社（工場）の技術者らに日本語を教える教師として勤務していた人だが、この時点では定年で既に会社を退職している六〇歳代の人だ。

その初対面の呉献貴さんが、大石橋マグネサイト鉱山の万人坑記念館は、中国と日本の友好に配慮し数年前から閉鎖されているということを流暢な日本語で説明してくれる。つまり、当時の中国では、日中友好のため、日本の悪口を言うな、日本人の悪口は「タブー」、日本による残虐な加害の現場である万人坑を日本人には見せたくないという風潮になっている。そのため、大石橋の虎石溝万人坑記念館は数年前に閉鎖されたままになっていて、記念館入口の扉に大きな南京錠がかけられているということだ。しかし、記念館自体は残されているので見学することはできると言われ、ひとまず安心する。

呉献貴さんとしばらく話をするうちに昼食の時間になり、工場の従業員が利用する食堂で従業員と同じように昼食をとるよう案内される。この従業員用の食堂は、食事代は無料だが、なぜかビールが有料で提供されていて、大東仁さんらはビールを飲みながら昼食を食べた。

大石橋虎石溝万人坑記念館

昼食を済ませたあと、ジープ型の自動車に乗せてもらい、呉献貴《ごけんき》さんと共に工場の事務所から大石橋マグネサイト鉱山の万人坑に向かう。そして案内されたのは、大石橋にある三カ所の主要な万人坑の一つである虎石溝万人坑に開設された虎石溝万人坑記念館（本館）だ。記念館入口の上部に大きな文字で「虎石溝万人坑」と表示されている。記念館の前には、「虎石溝万人坑簡介」という表題の案内板が設置されている。記念館本館の付近や周辺の様子は、本多勝一さんの『中国の旅』に掲載されている写真と同じようであり、記念館本館の周囲には、工場関連の施設や建物など目立つものはなく、むき出しの岩や土と、樹木が生い茂る森林や草原が広がるばかりだ。（注04）

大東仁さんらが記念館に到着すると、記念館の管理人が来てくれ、記念館本館入口の南京錠を開け建屋内に入れてくれる。記念館本館の木造の建物と、建屋内に保存されている、一七四体の遺骨がある万人坑発掘現場は、本多勝一さんが『中国の旅』で紹介している一九七一年当時と同じで、「不忘階級苦」と記されている垂れ幕も変わっていない。

それで、記念館の管理人は、万人坑発掘現場に手招きして入れてくれる。そして、針金で縛られている遺骨や、大きな石が胸の上に乗せられている遺骨などを指さして、それぞれの特徴を教えてくれる。犠牲者の遺骨には黒っぽい防腐剤がぬられているようだが、ホコリをかぶってすっかり白っぽくなっているように思えた。

記念館内の写真撮影は可能ということなので、万人坑発掘現場と犠牲者の遺骨を写真にしっかりと収めようとする。しかし、虎石溝万人坑の現場を自分の目で初めて見た大東仁さんは、そのあまりの衝撃で泣けてきて涙があふれ、手動焦点カメラ（キャノンAE1プログラム）のピント（レンズの焦点）を合わせることができなかった。一方の杉本健吉さんは、ただポカンとしているだけで茫然自失の様子だ。

ところで、大石橋マグネサイト鉱山の虎石溝万人坑で大東仁さんらが案内されたのは記念館本館の万人坑発掘現場だけであり、本館と同様に万人坑発掘現場を保存していたガラス張りの二棟の別棟（別館）には案

虎石溝万人坑記念館（本館）
樹木が生い茂る森林や草原が周囲に広がる。

鞍鋼大石橋鎂鉱階級教育展覧館
日本が支配していた時代の刑務所の建屋を改装して造られた。

内されていない。また、刑務所建屋を改装して造られた展覧館のけっこう大きな建屋自体は残されていて、正面に「鞍鋼大石橋鎂鉱階級教育展覧館」と表示されたままになっていたが、建屋内に入ることはできなかった。階級教育展覧館の閉鎖から数年を経るうちに、記念館本館以外の施設はいつの間にか忘れられてしまっていたのだと思われる。

あと、記念館本館の建屋内にあるのは、万人坑発掘現場と、そこにもともと積み重ねられている一七四体の遺骨だけであり、万人坑発掘現場の周辺には、別の所から運び込まれ保管されている遺骨などはなかったようだ（別の所から運び込まれ保管されている遺骨については、「第二部・舟山守夫さん」の第三章と第四章で説明する）。また、このときずっと付き合ってくれた管理人は、二〇〇一年に大東仁さんが虎石溝万人坑記念館を再訪するときに世話になる張鳳嶺さんではなかったと大東仁さんは思っている。

さて、大東仁さんと杉本健吉さんが虎石溝万人坑記念館を案内してもらった八月八日の夜に、日本からやってきた二人の若い大学生を歓迎する夕食会を呉献貴さんらが開催してくれる。そして、当時の中国では大学生は非常にめずらしい存在なので、いろいろな人が夕食会にやってきて歓談に加わってくれたようだ。その中に、大石橋市の市長（！）も同席している。わざわざ駆けつけてくれた市長に、大連の公安局で取得した、準開放区である大石橋への「外国人旅行証」（立入許可証）を大東仁さんが見せると、そんなものは初めて見たというのが市長の返答だった。

あれこれと歓談しているうちに将来の進路を尋ねられ、僧侶になると大東仁さんが答えると、中国の人たちが驚いてちょっとした「騒ぎ」になる。文化大革命で宗教界と宗教者が困難な情況に追いやられたつい最近の苦々しい社会情況が中国の人々の脳裏にまだ鮮明に焼き付けられている中で、日本の若い大学生から僧侶になると言われ、夕食会に集まった人たちは驚いたのだろう。

というのも、当時の中国では、大学生は将来を嘱望される「エリート」（選ばれし者）なので、政府官僚とか大学教授や研究者とか大企業の幹部というような返答を期待されていたようだ。ただし、僧侶は「格下」の存在というようなことではなく、中国で僧侶は人々から非常に尊敬され大切にされている。

あれこれ体験したこの日は会社の宿舎に泊めてもらう。呉献貴さんらに歓待され世話になったその日は、大東仁さんにとって大切な一日になった。

翌日の八月九日の朝は、呉献貴さんらに大石橋駅まで車で送ってもらい、北に向かう汽車に乗るところまで面倒をみてもらう。そして、不案内な若い日本人の二人連れは、なぜか車掌室に座らせてもらい特別待遇で快適に瀋陽に向かう。

瀋陽

遼寧省の省都である瀋陽は、「満州国」時代には奉天と呼ばれた大都市で、瀋陽駅（旧奉天駅）・遼寧賓館（旧奉天大和ホテル）・張氏師府（張学良旧居）・旧満鉄病院・旧日本人街など「満州国」時代の史跡や遺構がたくさん残されている。その瀋陽のあちこちを大東仁さんと杉本健吉さんは歩き回る。

満州事変（中国では九・一八事変）の発端となった柳条湖には、こじんまりとした公園が整備されていて、九・一八事変の顛末を説明する小さな案内板と、倒れたままの石碑が置かれていた。その石碑は、炸弾碑と呼ばれた爆弾型の記念碑で、満州事変の軍功を誇示するため、日本軍による砲撃の第一弾の着弾地点に日本軍が建立したものだ。解放後に、中国人民の手により炸弾碑は引き倒され、日本の罪行を告発するため、倒されたまま現場に保存されている。

現在の柳条湖には広大な公園が整備され、巨大な九・一八事変博物館が開設されている。しかし、大東仁さんらが訪れた一九八五年には記念館などはなく、炸弾碑と小さな案内板が設置されているくらいで、雑草が伸び放題になっていた。

瀋陽鉄路蒸気機関車陳列館は、前の年（一九八四年）に開館したばかりの蒸気機関車の博物館で、かつての南満州鉄道を代表する、流線型の車体で有名な超特急列車・アジア号が展示されていた。そこで出会った中国人のおじいさんは、日本の慶応大学を卒業した医者で、四〇年振りに日本語を話すと言いながら陳列館を案内してくれた。

丹東

二日間ほど瀋陽を歩き回ったあと、八月一一日に丹東に向かう。丹東は、遼寧省の東南部の、中国と朝鮮民主主義人民共和国（朝鮮）との国境にある町で、鴨緑江《おうりょくこう》を挟んだ対岸は朝鮮の新義州市だ。

大東仁さんらは丹東に一泊し、中国と朝鮮の国境に架かる鴨緑江大橋（中朝友誼橋）や、朝鮮戦争でアメリカ軍に破壊されたままの鴨緑江端橋や、朝鮮戦争時のものと思われる巨大なトーチカや、丹東市街と朝鮮の新義州市を見渡すことができる小高い丘陵に開設されている公園などを見て回る。

さらに、鴨緑江を舟航する遊覧船にも乗船する。大勢の観光客が乗り込むその遊覧船は、朝鮮側の岸辺のすぐ近くまで行くので、新義州市の町を行きかう朝鮮の人たちの顔がよく見える。遊覧船に乗っている中国人観光客らが大声をあげて手を振ると、朝鮮の人たちも手を振り返してくる。その遊覧船は、鴨緑江の流れの中間にあると思われる中国と朝鮮の国境を越え、おそらく朝鮮側に入っているように思えるのだが……。

そして、一泊二日の丹東の旅を終え、八月一二日に瀋陽に戻る。丹東から瀋陽までの汽車の運賃は片道四・七元だ。

撫順・平頂山惨案遺跡記念館

八月一三日は、瀋陽から撫順に足をのばし、平頂山遇難同胞記念館を訪れる。日本による中国東北部（「満州」）への侵略開始から一年後の一九三二年九月一六日に平頂山の住民ら三〇〇〇人を日本軍守備隊が集団虐殺した平頂山事件(注05)の虐殺現場をそのまま保存している記念館だ。初めての中国の旅で大東仁さんらが訪れる二カ所目の万人坑ということになる。

平頂山遇難同胞記念館には、古い展示館や資料館など小さな建物が幾つもあり、記念館を管理する職員も配置されている。一帯は広い公園に整備されていて、その広い公園の一番奥にある崖の下に、平頂山事件の虐殺現場を保存している遺骨館が建てられている。公園の入口から遺骨館まではけっこう距離があり、ずいぶんと歩いて遺骨館に行き着いたという感じだ。遺骨館の正面に切り立っている崖の上の丘陵には巨大な記念碑も建立されている。

それで、遺骨館の中に保存されている平頂山事件の虐殺現場は、現在のようにガラス室の中に密閉されてはいないので、手を伸ばせば遺骨に触れることもできる状態だ。その虐殺現場の周囲に参観用の通路が設けられていて、自由に見学することができる。しかし、大東仁さんと杉本健吉さんが訪れたときは他に見学者はおらず、説明員らの係員もいない。

静粛に包まれる平頂山事件の虐殺現場を二人だけで見て回る。おびただしい数の犠牲者の遺骨はニスが塗られたような色をしていて、きれいにきちんと保全され管理されているようだ。膨大な遺骨に向き合い虐殺の惨状に衝撃を受けた杉本健吉さんはその場に泣き崩れ、うずくまったまま動かなくなってしまう。それで、そのまま泣きたいだけ泣かせ、しばらくしてから大東仁さんが杉本健吉さんに「ボチボチ行くか」と声をかけ遺骨館を出る。

こうして撫順で平頂山事件の虐殺現場を自らの目で確認したが、平頂山遇難同胞記念館の職員から説明を受けることはなく、平頂山事件を生きのびた幸存者（生存者）にも会ってはいない。

さて、撫順では、平頂山事件の他に撫順炭鉱や撫順戦犯管理所が今ではよく知られている。しかし、撫順炭鉱の強制労働で死亡した犠牲者が埋められた万人坑も撫順戦犯管理所も、その存在自体を当時の大東仁さんらは知らないので訪れてはいない。そして、この日は瀋陽に戻り、瀋陽市街にあるホテルに宿泊する。

吉林・豊満ダム万人坑

撫順を訪れた翌日の八月一四日は、午前九時四〇分に瀋陽を出発する汽車に乗り長春に向かう。運賃は六・五元だ。

長春は、日本による中国侵略下で新京という名称を付けられ、傀儡国家「満州国」の首都とされた都市だ。そのため長春には、「満州国」時代の史跡や遺構が数多く残されていて、その多くは吉林省政府の施設として現在も利用されている。大東仁さんらは、八月一四日から一七日まで長春に滞在し、日本の侵略時代の遺構など史跡や戦争に関わるたくさんの現場を見て歩く。

さて、八月一四日に瀋陽から長春に向かう汽車にたまたまいっしょに乗り合わせた中国人と歓談（筆談）し、中国に来る前は知らなかった吉林の豊満ダム万人坑のことを教えられていた。そして、長春に来る前に、当初は予定していなかった豊満ダム万人坑に行くことを決めていた。それで、三日間ほど長春を歩き回ったあと、八月一七日に汽車に乗り長春から吉林まで足を延ばし（運賃三一・一元）、その日は吉林駅前のホテルに泊まる。

翌日の一八日の朝、周りの人たちから教えられるとおり、吉林駅前から郊外に向かう路線バスに乗り、豊満ダム万人坑がある農村に向かう。不案内な若い日本人に中国の人たちは親切で、バスに乗り合わせた乗客から「ここで降りるように」と教えられ、農村地帯のとあるバス停でバスを降りる。豊満ダムの少し下流になる松花江右岸を松花江に沿って通る道路の脇にあるバス停だ。そして、付近にいる人に道を尋ね、豊満ダム万人坑に歩いて向かう。

それで、初めての中国の旅で大東仁さんらが訪れる三カ所目の万人坑となる豊満ダム万人坑についてここで簡単に確認しておこう。

水力発電施設として建設された豊満ダムは、高さ九一メートル・長さ一一〇〇メートルの堤体で大河・松花江を堰き止める巨大ダムだ。その豊満ダムの建設工事は一九三七年四月に着工され、一九四二年九月に竣工した。この間に一二万人の中国人がダム建設の土建工事に徴用され、苛烈な労働を強要される中で一万五〇〇〇人が死亡している。そして、犠牲者の遺体は、豊満ダム下流の松花江右岸など工事現場の近くに埋められ（捨てられ）豊満ダム万人坑が形成された。（注06）

さて、付近の住民に教えられたとおり、松花江の右岸になるなだらかな斜面の丘陵を大東仁さんらが上がっていくと、樹林と草原に囲まれる中にかなり大きな施設が見えてくる。豊満ダム万人坑の一画に開設された豊満労工記念館だ。

立派な門柱が左右に設置されている正面の入口から豊満労工記念館の構内に入ると、中央に大きな広場があり、そこに、背の高い記念碑や横長の記念碑などが設置されている。幾つか設置されている記念碑の建立日付は、一九六四年一〇月や一九六八年八月などと刻まれている。豊満ダム万人坑の調査・発掘や豊満労工記念館の建設・整備が一九六〇年代に精力的に行なわれたのだろう。

正面の入口から記念館の構内を見て左側の手前側になる広場の一画に、植物園の温室のように全面のガラス窓で四方を囲まれる建屋（小屋）が三棟作られている。その三棟の建屋のうち奥の方、つまり、丘陵のなだらかな斜面の高い側に設置されている建屋は、縦七メートル・横二メートル・高さ二・五メートルほどの大きさで、建屋内にはコンクリートの床が張られ、その床の上に、人の形に整えられた十数体（柱）の遺骨が一体（柱）ずつていねいに一列に並べられている。豊満ダム建設工事の強制労働で死亡した中国人労工の遺骨だ。そして、それぞれの遺骨に説明板が添えられている。

丘陵のなだらかな斜面の低い側に設置されている手前側の建屋と、その奥の、三棟のうち中央になる建屋は、それぞれ、縦七メートル・横六メートル・高さ二・五メートルほどの大きさで、床の部分は地表から一

豊満労工記念館
立派な門柱が左右に配置されている正面の入口から記念館を見る。

豊満労工記念館
万人坑発掘現場と犠牲者の遺骨を保存している三棟の建屋（小屋）

豊満労工記念館
三棟のうちの奥の建屋に保存されている犠牲者の遺骨

豊満労工記念館
三棟のうち手前側の建屋に保存されている犠牲者の遺骨

豊満労工記念館
展示館（展覧館）の正面入口

メートルほど掘り下げられている。犠牲者の遺体（遺骨）が折り重ねられ雑然と埋められていた万人坑の一画を掘り下げて発掘・調査したところだろう。そして、一メートルほど掘り下げられた地面の上に、発掘された遺骨が人の形にていねいに整えられたうえで、二列に整然と並べられている。

一方、中央の大きな広場の奥側になる正面に、かなり大きな展示館（展覧館）が建設されている。その石造りの重厚な建物の正面入口の上部に大きな文字で豊満労工記念館と刻まれている。しかし、壁がはがれ落ちるなど建物はかなり老朽化しているようだ。

展示館の建屋内には、写真や図表や立体模型や遺品などがたくさん並べられ展示されている。しかし、係員は誰もおらず、大東仁さんらの他には見学者の一人もいない。そして、館内の照明は消えていた。しかし、スイッチを入れると照明の電燈が点灯し、館内が明るくなる。

豊満労工記念館は、おそらく一九六〇年代に開設され、多くの人々に注目されてたくさんの見学者が訪れ、しっかりと運営されてきたのだろう。しかし、大石橋マグネサイト鉱山万人坑の階級教育展覧館と同じように、文化大革命が終焉し鄧小平の改革・開放路線が展開される中でいつしか忘れ去られてしまったのだろう。

大東仁さんらが訪れたこの日は、記念館の構内に数名の中国人男性がいた。しかし、万人坑の見学者ではなく、「公園」で一休みしているだけの、万人坑とは関係のない一般の労働者のようだ。ともあれ、ふだんの様子は分からないが、大東仁さんらが訪れたこのときは、豊満労工記念館には係員も見学者も誰もいなかった。

ところで、本章後半の『「平和を考え行動する会」訪中団』の項に記していることだが、大東仁さんは二〇〇四年に豊満労工記念館（吉林市労工記念館）を再訪している。その時には、犠牲者の遺骨を保管していた三棟のガラス張りの建屋（小屋）は、新しい大きい一棟の遺骨館に集約され建て直されていた。そして、犠牲者の遺骨と、一メートルほど掘り下げられている万人坑発掘現場は、新しい大きい遺骨館の中に、一九八五年に大東仁さんらが訪れた時と同じようにていねいに保存されていた。一方、正面の大きな展示館（展覧館）は一九八五年当時と同じ建物のままで、正面入口の上部の表示だけが、豊満労工記念館から労工苦難史展庁に変更されていた。

なお、二〇〇四年の「平和を考え行動する会」訪中団の記録は、拙著『偽満州国に日本侵略の跡を訪ねる』(注07)に収録しているので、参照してもらえればと思う。

ハルピン

吉林で豊満ダム万人坑を確認したあと、八月一九日に吉林から黒龍江省の省都・ハルピンに汽車（運賃五・六元）で移動した大東仁さんらは、ハルピン郊外の平房にある日本軍第七三一部隊の跡を訪れる。

そのとき七三一部隊跡に、おじいさんと若い二人の三人連れが来ていたので、いろいろ教えてもらおうと思い若者にイギリス語で話しかける。すると、怪しげなイギリス語のやりとりにおじいさんが割って入り、日本語で対応してくれる。当時の中国（東北）には、日本語を流暢に話すお年寄りがたくさんいたようだ。そして、おじいさんによると、七三一部隊の史跡を見せるため若い二人を連れてきたとのことだ。

それで、日本語が堪能なおじいさんに案内してもらい、中学校の現役の校舎として使用されている、七三一部隊の本部棟だった建物の中に開設されている資料展示室に入る。校舎（本部棟）内の二つの部屋が七三一部隊の資料展示室として利用されているのだが、案内されなければその存在は分からない。その資料展示室には陳列用のガラスケースが並び、七三一部隊に関わる資料などが展示されている。しかし、解説員がいるわけでもなく、中学校の職員が兼任で資料館を管理しているようだ。七三一部隊の本部棟と資料室を確認したあと、有名なボイラー室の遺構や衛兵詰所なども見て回る。

さて、ハルピンと近郊を歩き回るうちに、中国に滞在する日程の残りが一週間ほどになる。そして、八月二一日に杉本健吉さんは、ソ連（ロシア）との国境の町である北方の満州里に向かい、大東仁さんは北京に向かう。大阪南港から上海に向かうフェリー鑑真号の船内で七月三〇日に初めて顔を会わせてからずっといっしょに行動してきた二人は、こうしてハルピンで一旦は別れることになる。しかし、八月二九日に上海を出港し三一日に神戸に戻る帰国のフェリーは同じ便だ。

北京

八月二二日にハルピンを汽車で出発し（運賃四三・一元）八月二三日に北京に着いた大東仁さんは、日中全面戦争の発端となった盧溝橋事件の現場である盧溝橋をまず訪ねる。八〇〇年の歴史を持つ古い時代の史跡としても有名な盧溝橋だが、大東仁さんが訪れた当時も、一般の市民生活に欠くことのできない存在であり続けていて、デコボコの路面の盧溝橋をびっくりするほどたくさんの自転車が行き交うなど、実際の生活道路として市民が毎日あたりまえのように利用している。橋の欄干の柱頭に彫られている獅子は壊れているものも多いが、修理された獅子も少なくない。

そのような盧溝橋の脇に抗日戦争記念館が開設されているが、日本の普通の町中にある小さな寺院と同じくらいの規模の小さな記念館だ。（現在の巨大な抗日戦争記念館が建設されるのは、盧溝橋事件五〇周年となる二年後の一九八七年のことになる。）

それで、その日は抗日戦争記念館は休館日だったが、館内に若い女性が数名いて、しきりと館内を覗きながら入口の辺りをウロウロしている日本人を招き入れ、館内を見学させてくれた。館内には写真などが展示されていたが、その多くは見慣れたものだ。また、対ファシズム戦争勝利四〇周年を祝う式典の準備が抗日戦争記念館でも進められていた。

ところで、東北（「満州」）では、中国を侵略した日本人のことを東洋鬼と表現するのが普通だった（中国語の「東洋」は日本のことを指す）。しかし、北京（華北）では日本鬼子という呼称が使用されているのは新たな発見だ。また、日中戦争で日本が負けてから四〇年になる一九八五年は対ファシズム戦争勝利四〇周年と表現され、抗日戦争勝利四〇周年とは言わないようだ。

さて、中国に来てからは、侵略と戦争に関わる史跡や遺構だけをひたすら歩き回ってきたが、北京に来て盧溝橋を訪れたあと、普通の観光旅行を体験する二日間の「休日」を初めて過ごすことにする。

まずは、北京僑園飯店（ホテル）で知り合った九州大学の学生と熊本大学の学生と大東仁さんの三人で、観光地を巡るバス旅行に参加し、万里の長城や明の一三陵などを見て回る。また、天安門広場など北京市内の観光地も訪れた。しかし、なぜか故宮には行っていない。

現場を見た！　事実を見た！

大東仁さんにとって初めての海外旅行である初めての中国の旅を総括すると次のようになるようだ。

日中友好を大切にし重視することが当時の中国の潮流であり、教科書問題の影響を引きずる「反日感情」を感じることもなかった。そのように日中友好の雰囲気に包まれている中で唯一の例外となる体験は、小さな子どもに一度だけ東洋鬼と言われたことだけだ。

日本語を流暢に話すお年寄りがたくさんいる。また、新たに日本語を学ぶ人も多い。日本に対する関心が急激に高まり、歌手の山口百恵の人気がとても高い。中国人は、外国人（日本人）の大東仁さんにとても友好的で親切であり、何かと気にかけ大事にしてくれた。悪い人に出会うこともなく、危ないとか怖いと感じることもなかった。

以前の中国は、食べることも困難だった時代があり、「吃饭了吗《チーファンラマ》？」（御飯を食べたか？）というのが、「おはよう」などと同義の挨拶言葉になっている。しかし、一九八五年の中国は、食べることにもう困らなくなっている。

女性の運転手と男性の車掌という乗合いバスの乗務員の組み合わせを見て社会主義を実感した。

初めての中国の旅でこのように感じたが、大東仁さんにとって最も印象が深いのは大石橋の虎石溝万人坑だ。一方の杉本健吉さんにとっては、平頂山事件の虐殺現場が最も強く印象に残っている。

そして、初めての中国の旅を一言で表現すると、「現場を見た。事実を見た。事実では済まない衝撃を受けた」ということになるとのことだ。

僧侶になる

一九八七年三月に大東仁さんは奈良大学文学部史学科を卒業し、同年四月から京都の高校で日本史担当の非常勤講師を務める。そして、高校の非常勤講師とアルバイトをしながら京都で三年間を自由に過ごす。

さて、京都での自由な生活が三年になる一九九〇年の春に将来の進路を父に問われる。その父に、僧侶になるのは自明のことだともともと思っていた大東仁さんは、僧侶になり父の跡を継ぐと明確に答えた。二五歳のことだ。

愛知県一宮市に居を構える真宗大谷派の寺院である円光寺に生まれた大東仁さんは三人兄弟の長男で、弟と妹がいる。円光寺住職の父は、子どもの将来は本人に任せるという方針で兄弟を育ててきたが、僧侶になり父の後を継いで円光寺の住職になるのは、大東仁さんにとっては自明のことだった。そんな、二五歳になった長男から、僧侶になるという答えを聞いて父はとても嬉しそうだった。

寺院の子は、満九歳になると得度《とくど》(注A)するのが一般的だ。しかし、大東仁さんは、二五歳の春にようやく故郷の一宮市に帰り、真宗大谷派名古屋別院で得度試験を受けた。そして、京都の東本願寺（真宗大谷派の本山）で挙行される得度式に出席し、晴れて僧侶になる。

（注A）得度――僧侶になること。満九歳以上で所属寺院があり、試験に合格すれば得度できる。試験は難しいものではなく、経を読めれば合格できる。

また、一九九〇年四月に同朋大学別科に入学し、一九九一年三月に別科（仏教専修）を修了して教師の資格を得た。ここで言う教師というのは、住職になる資格のことを指し、二〇歳以上の僧侶に認められるものだ。その教師のことを、自動車運転の二種免許のようなものだと大東仁さんは説明してくれる。そして一九九一年四月に円光寺の住職（補佐）になり、僧侶として歩み始める。

『お寺の鐘は鳴らなかった』

円光寺が所属する真宗大谷派名古屋別院は、日本国や真宗大谷派の侵略責任・戦争責任について考える

「平和展」の第一回目を一九九〇年に開催している。大東仁さんは、名古屋別院の平和展に当初から参画し、中心の一人として活躍している。そして、名古屋別院の平和展は二〇一九年の第三〇回まで春の彼岸の頃に毎年欠かさず開催され、真宗大谷派の門徒だけでなく、名古屋市や近隣の一般の市民が毎年大勢見学に訪れ、ずいぶんと評判になっているようだ。（二〇二〇年に予定していた第三一回も、展示や配布資料（冊子）の準備までは滞りなく進められたが、新型コロナウィルスによる肺炎騒動が日本を含む世界中に拡大したため、名古屋別院は平和展の開催を延期している。）

また、全国各地で、「平和のための戦争展」というような名称で平和展が広範に開催されていて、愛知県でも、「愛知-平和のための戦争展」という名称で一九九二年から平和展が毎年開催されている。その愛知の平和展の発足に、真宗大谷派名古屋別院の平和展は少なからず影響を与え寄与している。さらに、大東仁さんは、「愛知-平和のための戦争展」にも複数の市民団体を通じて参画し、展示や講演を行なうなど現在も活躍を続けている。

さて、真宗大谷派名古屋別院で一九九〇年から開催されるようになった平和展をＮＨＫの記者が取材し、その取材がきっかけとなり、一九九一年八月に放送される午後九時のＮＨＫニュースの中に組まれた敗戦特集に大東仁さんが出演する。

そのＮＨＫの敗戦特集を見て大東仁さんに関心を持った教育史料出版会（出版社）の社長が、東京から愛知県の一宮までわざわざ会いに来て、「仏教と戦争」に関わる書籍の執筆を依頼される。こうして、出版社の社長から直々の要請を受け依頼された原稿を大東仁さんは一九九二年には完成させる。そのあと、社長の病気など出版社側の事情で出版は遅れるが、一九九四年に、『お寺の鐘は鳴らなかった――仏教の戦争責任を問う』[注08]という書名で、初版二五〇〇部、価格一七〇〇円で無事に出版された。『お寺の鐘は鳴らなかった』は、中日新聞としんぶん赤旗に書評が掲載されたほか、小林よしのりが雑誌に悪口を書いたので逆に評判になり、初版は完売する。小林よしのりは寺院の子であり、僧侶である祖父を尊敬していたので、仏教の戦争責任を批判する大東仁さんの主張は、小林よしのりにとっては仏教や祖父の批判につながるので気に入らなかったようだ。このとき小林よしのりが雑誌に書いた悪口は、後に、『自虐でやんす。[注09]』(一九九九年八月二五日発売、六〇〇円)という書籍に収録されている。

呉献貴さんの来日

一九八五年に決行した初めての中国の旅で大石橋マグネサイト鉱山万人坑に関わり多大な世話になった呉献貴さんが、元日本兵の招待を受けて日本にやってくるという連絡が入る。大東仁さんが故郷の一宮に帰ってきていた一九九〇年のことだ。そこで、大阪に住んでいる杉本健吉さんと相談し、来日の機会に円光寺に来てもらい歓待するように手筈を整える。そして、来日した呉献貴さんを尾張一宮駅で出迎え、円光寺に招いて二泊してもらう。その間に、歓迎の食事会を開いたり、名古屋あたりを観光してもらうなどで歓待し、再会を喜び合うことができた。この時は、呉献貴さんは一人で日本にやってきた。

次に呉献貴さんが円光寺に来てくれるのは一九九八年のことになる。呉献貴さんのお連れ合いが、飛行機に一度は乗ってみたいと話していることを知り、大東仁さんと杉本健吉さんが相談し、呉献貴さん夫妻を日本に招待することにしたのだ。

当時は、中国人が日本に来るには、日本側から招待し、身元保証人と経済保証人を付ける必要があった。そのため、いろいろと煩雑な手続きが必要だったようで、来日予定日が近づいても呉献貴さん夫妻に日本への入国ビザがなかなか交付されなかった。それで、瀋陽の日本大使館に問い合わせ、ビザ発行の督促もしている。

そうして実現した一九九八年の来日時は、呉献貴さん夫妻に円光寺に数日滞在してもらい、ゆっくりと旧交を温めながら歓待する。呉献貴さんのお連れ合いは、使い慣れた麺棒を持参してきていて、大石橋の自宅でいつも食べている、いわば本場の中国の餃子を手作りしてくれた。餃子の皮を上手に作るには、使い慣れた麺棒がどうしても必要だということだ。そして、檀家の人たちに集まってもらい、中国の手作り餃子をみんなで食べる会を実施することもできた。また、別の機会に、檀家の人たちを含む大勢の人たちに集まってもらい、呉献貴さんの講演会を円光寺本堂で開催し、当時の中国事情を大いに語ってもらった。

呉献貴さん夫妻は、円光寺で歓待され数日を過ごしたあと、東京と秋田に住んでいる知人を訪ねるため東京に向かった。

日中平和問題調査団

一九九八年に呉献貴さん夫妻を円光寺に招いたあと、中国に対する日本の侵略責任という課題にいよいよ本格的に取り組みたいと思い、大東仁さんはＳＮさんの紹介でＴさんと会う。そして、ＳＮさんとＴさんと大東仁さんの三人で相談し、日中平和問題調査団を組織し、中国に残されている日本の侵略・加害の現場を訪れ、できるだけの調査をすることを決める。

そして、第一回日中平和問題調査団の企画を検討する中で、ＳＮさんらが、「虎頭要塞に万人坑があるはずだが、場所が不明で当てにならない。しかし、どうしても万人坑を訪問先に入れたい」と希望する。そこで、大石橋の虎石溝万人坑を訪れることを大東仁さんが提案し、大石橋訪問が決まる。

宿泊や移動（交通機関）など旅行に関わるもろもろの手配は、「平和の旅」や個人旅行を扱っている名古屋の旅行会社・富士ツーリストに依頼して引き受けてもらい、中国人の劉増栄さんが通訳兼ガイドとして同行してくれることになる。

こうして、第一回日中平和問題調査団が二〇名ほどの参加者で結成され、一九九九年に訪中調査が実施されることになる。大東仁さんにとっては、学生時代の一九八五年に初めて中国を訪れて以来の、一四年振りとなる二回目の中国訪問ということになる。（中国以外の外国訪問は、韓国・ラオス・タイなどいろいろ経験している。）

第一回日中平和問題調査団の一行は、大連・旅順・大石橋・ハルピン・虎頭などを訪れる。そのうち、大東仁さんにとっては二回目の訪問となる大石橋で呉献貴さん夫妻と再会することができた。そして、調査団の一行は呉献貴さんの案内で虎石溝万人坑記念館を参観する。このときの万人坑発掘現場の遺骨には防腐処置が施されていて、黒っぽいきれいな色になっていた。

ところで、自身にとっては二回目の訪問となる虎石溝万人坑記念館で、中国人の犠牲者を追悼する法要を大東仁さんは勤めている。記念館で法要を勤めたいということは、呉献貴さんを通して事前に中国側と相談していて、呉献貴さんが法要の手筈を整えてくれていた。虎石溝万人坑記念館という寺院以外の公的な施設で実施する、日本人僧侶による中国人犠牲者のための宗教儀礼としての追悼法要は、中国では相当にめずらしいことではないかと思われる。

ちなみに、虎頭要塞では、「法要などは表立ってはやるな。誰にも見られないところで一人でそっとやれ」と大東仁さんは言われている。法要などの宗教儀礼を日本人が中国で実施すると、中国人を殺害するなどした加害者である日本人の死者の慰霊のために宗教儀礼をやっていると思われ、日本の侵略で被害を受けた現地の住民といざこざになったりして厄介なことになるようだ。

翌年の二〇〇〇年も、一六名が参加し第二回日中平和問題調査団が結成された。そして、二回目となる二〇〇〇年の調査団は、本隊の九名と測量班の七名に分かれ、二つの班が多くの日程を別行動とする計画で訪中調査が実施されることになる。

そのうち測量班の七名は、内蒙古自治区ホロンバイル盟のハイラル市に拠点を構え、中国側から参加する専門家らと合同で、日本軍ハイラル要塞の精密な測量を含む詳細な調査や、日本軍の毒ガス・細菌兵器の実験場の調査などを実施する。中国側から専門家として、黒龍江省社会科学院副院長の歩平さん(注10)(後に中央政府から招聘され中国社会科学院近代史研究所所長に就任)や、ホロンバイル盟社会経済文化研究会会長の徐占江さん(注11)(後にハルピン市社会科学院ノモンハン戦争研究所所長と同院侵華日軍要塞研究所所長に就任)らそうそうたる研究者が参加している。大東仁さんは測量班に加わり、測量班が行なう調査を担当したほか、ハイラル要塞沙山万人坑の調査を実施している。

一方、本隊の九名は、黒龍江省のハルピンとチチハル、内蒙古自治区のノモンハンを回り、日本による侵略加害の現場や史跡を訪れたあと、ハイラルで測量班に合流する。そしてハイラルでは、日本軍ハイラル要塞などの戦跡や史跡を確認したほか、大東仁さんら二名の真宗大谷派の僧侶が勤める沙山万人坑での犠牲者追悼法要に参列する。

ハイラルで予定の調査を終えた測量班と本隊は、そのあといっしょに北京に移動し、焦庄戸地道戦遺跡などを訪れた。

第二回日中平和問題調査団の訪中調査記録は書籍にまとめられ、『ハイラル沈黙の大地――日中戦争の傷跡を訪ねて』(注12)として出版されているので参照してもらえればと思う。また、第二回調査団の本隊に私(青木)は参加し、その訪中記録を『二一世紀の中国の旅――偽満州国に日本侵略の跡を訪ねる』(注13)に収録しているので、こちらも参照してもらえればと思う。

「平和を考え行動する会」訪中団

一九九九年と二〇〇〇年に日中平和問題調査団を組織し二回の訪中調査を実現させたSNさんとTさんは、二〇〇一年に実施を予定する三回目の調査・訪問先として、中国東北との国境に近い、ウラジオストックなどロシア極東地域を選定する。しかし、中国と万人坑にこだわりたい大東仁さんは、三回目以降の日中平和問題調査団には参加せず、「平和を考え行動する会」訪中団を一人で独自に企画する。

そして、二〇〇一年に結成した第一回「平和を考え行動する会」訪中団は東北の遼寧省を訪ね、撫順・瀋陽・大石橋・旅順などを巡る。

そのうち撫順では平頂山惨案遺跡記念館を訪れ、平頂山事件の虐殺現場である万人坑を確認し、同行の二

中国人犠牲者追悼法要
大石橋虎石溝万人坑記念館で追悼法要を勤める大東仁さん（左）ら３名の僧侶

名の真宗大谷派僧侶と共に中国人犠牲者の追悼法要を勤めた。また、平頂山事件の幸存者である楊宝山さんから証言を聞く。さらに撫順では、撫順戦犯管理所（注14）を訪問し、副所長の孫国福さんから戦犯管理所について説明を受ける。

また、大石橋では、呉献貴さんと再会する。そして、虎石溝万人坑記念館を訪れ、大石橋マグネサイト鉱山における強制労働の惨状と虎石溝万人坑について張鳳嶺さん（本書第三章で紹介する）から詳しくていねいに説明を受ける。そのあと記念館で、中国人犠牲者の遺骨を前にして、大東仁さんら三名の真宗大谷派僧侶が犠牲者追悼法要を勤めた。

虎石溝万人坑記念館を訪れたあと、その日の夜は訪中団全員が呉献貴さんの自宅に招待される。そこに、呉献貴さん夫妻とお子さんや孫らが大勢集い、にぎやかな宴席になる。こうして大歓迎され、豪華な山盛りの心づくしの夕食をごちそうになる。大東仁さんと、同行の日本の友人らを招待し歓待することを呉献貴さんと家族はとても喜んでくれているようだ。

一方、当時の旅順は基本的に未開放区であり、外国人に開放されているのは二〇三高地と水師営だけだ。そのため、日清戦争時に日本軍が二万人の中国軍民を殺害した旅順虐殺の犠牲者が埋葬されている万忠墓（万人坑）を訪れることはできなかった。

二〇〇二年に結成した第二回「平和を考え行動する会」訪中団は、東北の吉林省の東部に位置する延辺朝鮮族自治州を訪ね、延吉・龍井・図們・琿春などを巡る。

そのうち延吉では、老頭溝炭鉱の強制労働で犠牲になった約一万人の中国人労工を埋めた老頭溝万人坑を訪れる。また琿春では、板石炭鉱の強制労働で犠牲になった数千人の中国人労工を埋めた板石炭鉱万人坑を確認した。その両方の万人坑で、大東仁さんら真宗大谷派の五名の僧侶は中国人犠牲者の追悼法要を勤めている。

二〇〇三年は、吉林省の中央部を訪ねる第三回「平和を考え行動する会」訪中団を結成し、四月下旬から五月初旬にかけて訪中するよう計画したが、重症急性呼吸器症候群（ＳＡＲＳ）が中国で大流行したので訪中できなくなり、第三回訪中団は延期する。

そして、二〇〇四年に第三回訪中団を改めて結成し、大連を経由して吉林省の中央部を訪ね、長春・遼源・吉林などを巡る。

そのうち遼源では、西安（遼源）炭鉱の強制労働で犠牲になった八万人以上の中国人労工のうち一万人以上の遺体が埋められた方家塚の万人坑を訪れる。そして、方家塚万人坑に開設されている遼源鉱工文物館の劉玉林館長から、西安（遼源）炭鉱における強制労働の凄惨な実態について説明を受け、方家塚の山中に広がる広大な万人坑を案内してもらう。

吉林では、豊満ダムの建設工事で強制労働させられ犠牲になった一万五〇〇〇人の中国人労工の遺体が埋められている豊満ダム万人坑を訪れた。この時のようすは、本章の「吉林・豊満ダム万人坑」の項に既に記している。

その遼源炭鉱と吉林豊満ダムの両方の万人坑で、大東仁さんら真宗大谷派の七名の僧侶が中国人犠牲者の追悼法要を勤めている。

大東仁さんが主宰した三回の「平和を考え行動する会」訪中団に三回とも私（青木）は参加し、たくさんの万人坑をはじめとする、日本による侵略・加害の現場を確認した。その三回の訪中記録を拙著『偽満州国に日本侵略の跡を訪ねる』（注13）に収録しているので参照してもらえればと思う。

こうして大東仁さんは、「平和を考え行動する会」訪中団を三回にわたり主宰して中国の東北（「満州国」）を訪れ、万人坑を中心に日本の侵略・加害の現場を巡り歩いた。しかし、四回目の「平和を考え行動する会」訪中団を結成することは断念する。断念する理由は経済的なものだ。つまり、参加者が少ないと一人当たりの訪中費用が高額になり、ある程度の人数の参加者が集まらないと、訪中団を組織するのが難しくなる。そして、参加者がなかなかそろわないのでもう無理だということになり、「平和を考え行動する会」訪中団は三回で中止することにした。

ともあれ、日中平和問題調査団と「平和を考え行動する会」訪中団を通していろいろな万人坑を訪れたが、大東仁さん自身が最も印象に残る万人坑はやはり大石橋マグネサイト鉱山の虎石溝万人坑だ。何も知らない学生時代に初めて訪ねた大石橋虎石溝万人坑の印象はいつまでも鮮烈に残っている。

中国と関わり続ける

大東仁さんは万人坑以外にも中国との関わりをいろいろと持っている。そのうち、結び付きが最も強いのは南京と南京大虐殺に関わることだ。

中国と日本の僧侶が南京大虐殺遇難同胞記念館で一二月一三日に合同で挙行する南京大虐殺犠牲者の追悼法要[注15]（平和法会）に二〇〇三年に初めて参加したあと、毎年南京を訪れ平和法会に参加し、南京大虐殺の幸存者（生存者）や南京大虐殺遇難同胞記念館との交流を続けている。また、記念館への史料提供も大きな「仕事」の一つだ。南京攻略戦に従軍した日本兵の従軍日誌など南京大虐殺に関わる貴重な史料の多くは、中国ではなく日本に残されているからだ。さらに、NPO法人である「二つの観音様を考える会」[注16]を通して、毘盧寺《びるじ》[注17]をはじめとする南京の寺社や仏教者との交流も長年にわたり絶えることなく続けている。

南京以外では、例えば、黒龍江省のチチハルにある抗日戦争記念館を二〇〇三年と二〇〇四年に訪問し、円光寺の近所に住む、チチハルの女子中学に在籍していた女性が女子中学の同窓会の仲間と作成した「満州国」時代のチチハルの地図や、その他のいろいろな史料を寄贈している。チチハルの女子中学の同窓会の人たちが作成したチチハルの地図は、貴重な資料だとして現地で高く評価されているようだ。

その他にも中国との交流はいろいろ持っている。そして、中国との関わりで大東仁さんが重視しているのは「過去の反省、現在の友好、未来の平和」ということだ。

真宗大谷派の戦争責任

中国との関わりとは別に、日本の侵略責任・戦争責任に対し大東仁さんがこだわる大きな柱の一つは、自身が所属する宗派である真宗大谷派の侵略責任・戦争責任だ。中国をはじめとするアジア各国への侵略に日本全体が向かい戦争を強行する時代に、仏教を含む宗教界が日本の侵略を肯定し、先導までして侵略に加担したことは明白な事実だ。その責任を、自身が所属する宗派に対しても特に厳しく問い続ける姿は、真宗大谷派の部外者から見ればたのもしくすがすがしいが、真宗大谷派の関係者、特に大谷派内で指導的な立場にある人には耳が痛いことだろう。

こうして、仏教と真宗大谷派の侵略責任を問い続ける中で、日本の侵略に反対した真宗大谷派の僧侶を掘り起こし、彼らの業績を再評価して名誉を回復することに力を注いでいる。そして、その成果を既に三冊の書籍にまとめ世に問うている。その三冊は、『戦争は罪悪である――反戦僧侶・竹中彰元の叛骨』(注18)(風媒社、二〇〇八年)、『大逆の僧・高木顕明の真実――真宗僧侶と大逆事件』(注19)(風媒社、二〇一一年)、『反戦僧侶・植木徹誠の不退不転』(注20)(風媒社、二〇一八年)だ。

これ以外に大東仁さんの著書として、本稿で先に紹介した『お寺の鐘は鳴らなかった――仏教の戦争責任を問う』(注08)(教育史料出版会、一九九四年)と『ハイラル沈黙の大地――日中戦争の傷跡を訪ねる』(注12)(共著、風媒社、二〇〇〇年)がある。これらの書籍を、本書の読者の皆さんにも目を通してもらえたらと思う。

第二章　注記

（注01）本多勝一著『中国の旅』（文庫本）朝日新聞社、一九八一年、一四七頁
（注02）（注01）九五頁
（注03）「地球の歩き方」編集室編『地球の歩き方』ダイヤモンド・ビッグ社。国別あるいは地域別に何十冊も発行されている旅行案内書
（注04）（注01）一五四頁
（注05）平頂山事件については次の資料などを参照
本多勝一著『中国の日本軍』創樹社、一九七二年、一三頁
石上正夫著『平頂山事件――消えた中国の村』青木書店、一九九一年
本多勝一著『本多勝一集第14巻――中国の旅』朝日新聞社、一九九五年、一一〇頁・三五六頁
傅波・肖景全編『罪行罪証罪責――日本侵略者制造平頂山惨案専題』遼寧民族出版社（中国-瀋陽）、二〇〇二年
高尾翠著『天皇の軍隊と平頂山事件』新日本出版社、二〇〇五年
傅波編『2005-2006平頂山惨案研究』吉林大学出版社（中国）、二〇〇六年
青木茂著『偽満州国に日本侵略の跡を訪ねる』日本僑報社、二〇〇七年、八七頁
平頂山事件訴訟弁護団編『平頂山事件とは何だったのか――裁判が紡いだ日本と中国の市民のきずな』高文研、二〇〇八年
井上久士・川上詩朗編『平頂山事件資料集』柏書房、二〇一二年
（注06）李秉剛著『万人坑を知る――日本が中国を侵略した史跡』東北大学出版社（中国-瀋陽）、二〇〇五年、一四七頁

（注07）青木茂著『二一世紀の中国の旅――偽満州国に日本侵略の跡を訪ねる』日本僑報社、二〇〇七年、一六八頁
（注08）大東仁著『お寺の鐘は鳴らなかった――仏教の戦争責任を問う』教育史料出版会、一九九四年
（注09）小林よしのり著『自虐でやんす。』幻冬舎、一九九九年
（注10）ABC企画委員会編『友好、和解への架け橋――歩平さんをしのぶ追悼文集』ABC企画委員会、二〇一八年
（注11）青木茂著『日本の中国侵略の現場を歩く――撫順・南京・ソ満国境の旅』花伝社、二〇一五年、一六九頁
（注12）日中平和調査団編『ハイラル沈黙の大地――日中戦争の傷跡を訪ねて』風媒社、二〇〇〇年
（注13）青木茂著『二一世紀の中国の旅――偽満州国に日本侵略の跡を訪ねる』日本僑報社、二〇〇七年
（注14）撫順戦犯管理所については次の資料などを参照
劉家常・鉄漢著『戦犯改造紀実』春風文芸出版社（中国-瀋陽）、一九九三年
新井利男・藤原彰編『侵略の証言――中国における日本人戦犯自筆供述書』岩波書店、一九九九年
新井利男資料保存会編『中国撫順戦犯管理所職員の証言――写真家新井利男の遺した仕事』梨の木舎、二〇〇三年
撫順戦犯管理所編『日本戦犯再生の地――中国撫順戦犯管理所』五洲伝播出版社（中国-北京）、二〇〇五年
岡部牧夫・荻野富士夫・吉田裕編『中国侵略の証言者たち――「認罪」の記録を読む』岩波書店、二〇一〇年
（注15）（注11）一二三頁
（注16）森哲郎著・長岡進監修『戦乱の海を渡った二つの観音様』鳥影社、二〇〇二年
（注17）（注16）七九頁
（注18）大東仁著『戦争は罪悪である――反戦僧侶・竹中彰元の叛骨』風媒社、二〇〇八年
（注19）大東仁著『大逆の僧・高木顕明の真実――真宗僧侶と大逆事件』風媒社、二〇一一年
（注20）大東仁著『反戦僧侶・植木徹誠の不退不転』風媒社、二〇一八年

第二部　舟山守夫さん

第三章

張鳳嶺さん　その一
大石橋虎石溝万人坑をたった一人で守った四〇年

大石橋に残された三カ所の主要な万人坑の一つである虎石溝万人坑の発掘現場の一角を保全するため建設され一九六五年に竣工した虎石溝万人坑記念館（本館）の建屋が、竣工から四〇年後に新たに建て替えられることになり、二〇〇四年九月一日に新記念館の建設工事が着工された。愛国主義教育を中国全土で強化するという中央（北京）政府の方針を受け、大石橋の虎石溝万人坑記念館が愛国主義教育基地に指定されることが決定したため、新しい記念館が建設されることになったのだ。新たに建設される虎石溝万人坑の新記念館は、鉄筋コンクリート造りとなって大幅に拡張され、最初のこじんまりした木造の記念館には無かった資料展示室も備える近代的な施設に生まれ変わる予定だ。

愛国主義教育基地に指定され新記念館が建設されることになるなど新たな動きを始める大石橋の虎石溝万人坑記念館は、詳しい事情を知らない者には、順調に歩みを進めてきたように見えるだろう。しかし、実は、大石橋万人坑と虎石溝万人坑記念館は、消滅と廃館の危機に長いあいださらされ続けてきた。その消滅の危機と圧力に抗い虎石溝万人坑記念館を守り続け、日本の侵略下にあった大石橋マグネサイト鉱山における凄惨な強制労働と、その結果として残された万人坑に関わる貴重な史実が歴史から消え去ってしまうことを許さない人が一人だけいた。その、たった一人の抵抗者が張鳳嶺《ちょうほうれい》さんだ。

二〇〇〇年代になってから愛国主義教育基地に指定されることが決定し、大石橋マグネサイト鉱山の虎石溝万人坑が人々から注目を集めるようになると、その虎石溝万人坑が長いあいだ消滅の危機にさらされ続けてきたことと、虎石溝万人坑記念館を張鳳嶺さんが一人で守ってきたことが知られるようになる。そして、張鳳嶺さんの献身的かつ不屈の闘いがなければ、大石橋マグネサイト鉱山における強制労働と万人坑に関わる史実が虎石溝万人坑記念館とともに歴史から消え去ってしまっていたであろうことを人々と社会は理解する。

張鳳嶺さんの長い孤独な闘いを知った地元の新聞は、「たった一人で万人坑を守った四〇年」（河南報[注01]）や、「日に日に荒れ果てていく日本軍の侵略の動かぬ証拠／老人がたった一人で守る万人坑」（華商日報[注01]）などの見出しを付け、張鳳嶺さんと虎石溝万人坑記念館の歩みを報道し、張鳳嶺さんの闘いをたたえた。

本章（第三章）では、当時の河南報と華商日報の記事[注01]と本多勝一さんの『中国の旅』[注02]と李秉剛さんの『万人坑を知る』[注03][注04]等を基に、大石橋虎石溝万人坑の解放後（戦後）の歩みと、虎石溝万人坑記念館を守り続けた張鳳嶺さんの闘いを紹介する。

大石橋マグネサイト鉱山階級教育展覧館

抗日戦争勝利から二〇年近くが過ぎようとしている一九六三年の末に、遼南に駐屯している第三九軍の張峰来軍長が大石橋を訪れ、大石橋マグネサイト鉱山万人坑の保全と将来について大石橋市共産党書記と話し合う。そして、大石橋の万人坑を発掘調査し、階級教育活動のための教育基地を大石橋マグネサイト鉱山万人坑の現地に開設することを決定する。

この決定を受け、日本の占領支配下におかれた大石橋のマグネサイト鉱山や耐火煉瓦製造工場で強制労働させられた労工ら被害者からの聞き取り調査が一九六三年から集中的に実施される。そして、生き残っている強制労働被害者や鉱山労働者らの証言を基に、一九六四年五月から一九六五年の春にかけて大石橋マグネサイト鉱山の万人坑が発掘調査された。

その結果、大石橋に残された三カ所の主要な万人坑の一つである虎石溝万人坑は、総面積が五〇〇〇平方メートル以上であり、最も深いところでは地下一八メートルか一九メートルのところまで遺骨が折り重なって埋められていることが分かる。また、後に虎石溝万人坑記念館本館が建設され保存される面積一四〇平方メートルの発掘現場では、七層に重なり地下三メートルの深さまで達する一七四体（柱）の遺骨が確認された。

その一四〇平方メートルの発掘現場は、犠牲者の遺体（遺骨）が捨てられた（埋められた）ときのままの状態で保存され、発掘現場を保護するため虎石溝万人坑記念館本館が建設された（屋根が作られた）。さらに、記念館本館から少し離れた位置にある別の発掘現場を保存する二棟のガラス張りの小屋（記念館別館）も建設される。

また、記念館本館から二〇〇メートルほど離れた丘の上にある、日本が支配していた時代の刑務所の建屋を改装して、鞍鋼大石橋鎂鉱（マグネサイト鉱山）階級教育展覧館が整備された。階級教育展覧館には、図表や説明文を掲載する解説パネルを展示し、日本の侵略下で行なわれた強制労働の残虐な実話を再現する泥人形の模型が設置される。さらに、「満州国」時代のマグネサイト鉱山の全景を模型で再現し、万人坑の「パノラマ」も整備された。

こうして着々と準備が進む鞍鋼大石橋マグネサイト鉱山（鎂鉱）階級教育展覧館の開館に向け、大石橋マグネサイト鉱山の責任者の指示により、鉱山労働者の張鳳嶺《ちょうほうれい》さんは一九六五年に階級教育展覧館に派遣される。張鳳嶺さんが二八歳の時のことだ。普通語（中国の標準語）を話すことができ教養も高かった張鳳嶺さんは、展覧館を訪れる見学者のための解説員としての任務と併せ、地元の農村から募集した二〇名の女性解説員の教育責任者も務めることになる。

一九六五年に階級教育展覧館が開館すると当時の中国社会に大きな反響を巻き起こし、大勢の人々が連日見学に訪れた。階級教育展覧館の展示は多様かつ多彩であり、音響と光（照明）による特殊効果の中で凶暴な犬が吠え犠牲者の遺体を食いあさり、石炭を運ぶ蒸気機関車がグルグルと走り回る。生きたまま万人坑に捨てられた鉱夫が必死に這い上がってくるジオラマは本物そっくりの迫力だったようだ。

虎石溝万人坑に開設された階級教育展覧館には非常に大きな教育意義があるとして、中央政府や各省の幹部らも次々と視察に訪れる。張鳳嶺さんは、中国共産党中央組織部長ら党中央の幹部にも大石橋マグネサイト鉱山万人坑の歴史を説明している。

日本と中国の間に国交がまだなかった一九七一年に朝日新聞社の記者として本多勝一さんが取材に訪れたときは、大石橋マグネサイト鉱山革命委員会の副主任である張慶濤さんから説明を受けている。また、本多勝一さんは、その当時はまだたくさん生存していた強制労働被害者本人から、大石橋マグネサイト鉱山にお

ける強制労働の凄惨な実態を直接聞き取り記録している。（注05）

階級教育展覧館の衰退

鞍鋼大石橋マグネサイト鉱山階級教育展覧館は、一九六五年の開館当初から大勢の見学者が訪れ世間の注目を集めた。しかし、一九七六年に文化大革命が終焉すると、大石橋マグネサイト鉱山万人坑を訪れる見学者は次第に減少してゆく。そして、階級教育展覧館も衰退していった。

そのような情況の中で一九七八年に張鳳嶺さんは職場を変更され、階級教育展覧館からマグネサイト鉱山に呼び戻されてしまう。そして、大石橋マグネサイト鉱山の労働組合副主席は二人の夜警員を展覧館に配置した。（注A）

（注A）　第二章で紹介しているように、奈良大学の学生だった大東仁さんが一九八五年に初めて大石橋を訪れたとき、その数年前から虎石溝万人坑記念館は閉鎖されていた。だから、張鳳嶺さんが階級教育展覧館からマグネサイト鉱山に呼び戻された一九七八年か、それからどれほども経たないうちに、階級教育展覧館や万人坑記念館は閉鎖されていたのだろう。

また、そのとき大東仁さんは、虎石溝万人坑の発掘現場を保存している記念館の本館にしか案内されていない。だから、別の万人坑発掘現場を保存していた二棟のガラス張りの記念館別館は、時期は不明だがいつしか無くなってしまい、一九八〇年代の半ばには、一四〇平方メートルの万人坑発掘現場を保存する記念館本館だけが残されていたのだと思われる。

しかし、二棟のガラス張りの記念館別館に保存されていた万人坑発掘現場に残されていた犠牲者の遺骨は、別館が取り壊される前に収集され、記念館本館などに運び込まれ保管されていたのだろう。あと、かつての刑務所を改修して整備された階級教育展覧館は、一九八〇年代の半ば以降に取り壊されたのだと思われる。

一九七八年に張鳳嶺さんは異動により、階級教育展覧館からマグネサイト鉱山に職場を戻されたが、展覧館の行く末と万人坑や遺骨のことが心配でならない。遺骨の保全措置など維持管理が適正になされなければ、年月を経るうちに遺骨は朽ち果て失なわれてしまうからだ。

そのため、少しでも時間があると張鳳嶺さんは虎石溝の万人坑に通い、遺骨の手入れや記念館の清掃に時間を費やし、見学に来る人がいれば、記念館が閉鎖されていても受け入れて解説役を務めた。清明節の前には、近隣の町や村の学校の生徒たちを受け入れるため、毎年一〇日以上かけて遺骨に防腐油を塗り、そのあと窓を開けて通風を行ない油の臭いを放散し、生徒たちが清明節の御参りに来るのを待った。

虎石溝万人坑を一人で守る

一九九〇年になると、様々な理由から大石橋マグネサイト鉱山（会社）は閉鎖されてしまう。これは、虎石溝万人坑記念館を保全・管理する資金（財源）が断たれることを意味し、大石橋マグネサイト鉱山（会社）から防腐油などの支援を受け取ることができなくなってしまった張鳳嶺さんは焦燥感を募らせる。

しかし、遺骨が朽ち果てていくのをむざむざと見過ごすことは張鳳嶺さんにはできなかった。遺骨を守る

張鳳嶺さん
虎石溝万人坑記念館で犠牲者の遺骨を見守る（2001年）。

ため、張鳳嶺さんは自腹を切って五〇〇元以上の費用を工面し防腐油を購入する。五〇〇元は、その頃の張鳳嶺さんの二カ月分の給料に相当する大きな金額だ。こうして、張鳳嶺さんは、大石橋マグネサイト鉱山が閉鎖された一九九〇年から毎年毎年自腹を切って防腐油を購入し遺骨に塗り続けることになる。

一九九三年のある日に、営口市政府（営口市は、大石橋市の上位に位置する行政組織）の多くの幹部が視察のため虎石溝万人坑記念館にやってきた。その際に、営口市の宣伝部長が、「この記念館の建物はこんなに傷んでいるが、もし修理するとすれば費用はどれくらい必要か」と尋ねる。それを聞いた張鳳嶺さんは、嬉しくて涙がこぼれ落ちそうになりながら、「二〇〇〇元。いや、営口市政府が本当に問題を解決しようと思うのなら、一〇〇〇元で材料を購入し、建物の屋根を修理してほしい」とすぐに答え、支援を要請した。

営口市の宣伝部長は、張鳳嶺さんの説明を聞いてとても感動したと話し、二日後にただちにお金を届けると約束する。しかし、何日待ってもお金は届かない。しびれを切らした張鳳嶺さんは、営口市共産党委員会と市政府に出向いて相談したが、約束のお金はいつまでたっても届くことはなかった。

一方、虎石溝万人坑記念館が閉鎖されていても、張鳳嶺さんが万人坑を見守っているところに見学者が時々やってくる。その中には、中国人だけでなく日本人もいる。

一九九四年のある日に、日本のある新聞社の北京支社から日本人の支社長が記念館の見学にやってきた。その日本人の支社長を案内し、大石橋マグネサイト鉱山万人坑の歴史を説明するうちに、「北京では、中国政府は日本に対し戦争の賠償を求めるべきだという意見がある。この意見をあなたはどう思うのか」と問われる。この問いかけに対し張鳳嶺さんは、「中国政府はあなたたちに賠償を求めるべきではない。そして、これは中国政府の問題ではない。あなたたち日本の国民は、日本人が中国で三五〇〇万人もの中国人を殺傷したことを忘れてはならない。『前事不忘后事之師』（前事（以前にあった事）を忘れざるは後事（将来の事）の師なり）という教えを肝に命じ、戦争が両国の人民に深い傷をもたらしたことを日本の国民はしっかりと記憶していてほしい」と答えた。これを聞いて日本人の支社長は張鳳嶺さんの手をしっかりと握った。

さて、張鳳嶺さんは、年を重ねるにつれてさまざまな病の症状が出てきて、万人坑を見守るため記念館に通うことも次第に困難になってきていた。そのような中で、一九九五年に、以前から記念館の夜警員を務めてきた二人の年老いた職員が相次いで退職する。そのため、昼間は張鳳嶺さんや他の人の目が届いても夜間は無人になるので、記念館のいろいろな物が傷つけられたり盗難でなくなる恐れもでてきた。

そこで張鳳嶺さんは、一九九六年に、記念館の敷地内にある小さな小屋に引っ越し、その日から小屋に住み込んで生活するようになる。そして、一銭の報酬を受けることもなく、管理する組織も無く、支援してくれる人もいない中で、虎石溝万人坑記念館を一人で守り続けることになる。張鳳嶺さんはその年に脳血栓を思っているので、お連れ合いの孫玉珍《そんぎょくちん》さんは張鳳嶺さんの体調を心配して小屋の生活に付き添った。

一九九七年に張鳳嶺さんは六〇歳の定年を迎え、それまで勤めていた職場を退職する。退職により張鳳嶺さんの収入は年金だけになるが、少ない年金の中からお金を工面し、防腐油の購入など遺骨を保全し記念館を維持管理するための費用に充てた。

大石橋マグネサイト鉱山階級教育展覧館として開設されたいろいろな施設の中で唯一残されたのが虎石溝万人坑記念館（本館）だが、その建物は長年にわたり補修されてこなかったので雨漏りがひどく、雨期がやってくると館内の気温が下がり湿っぽくなる。

ある年（おそらく一九九七年）の夏に大雨が何日も続き、雨水が記念館内に浸透し万人坑発掘現場と遺骨が水浸しになってしまう。遺骨を守るため、張鳳嶺さんは貯金を引き出し、子どもたちからもお金を出してもらい六〇〇元で排水ポンプを購入し、記念館内にたまっている水を排水した。

こうして、記念館から排水することはとりあえずできたが、水に浸かった遺骨は容易に朽ち果ててしまうので、記念館の外に遺骨をすぐに運び出し、陽に当てて乾かさなければならない。しかし、百体以上もの遺骨をすぐに移動することは一人では困難なので、何人かの労働者に手伝ってもらうしかない。

そこで急いで支援を呼びかけると、作業を引き受けてもよいという労働者は見つかるが、報酬の問題で対立する。心づもりの報酬額を張鳳嶺さんが示しても、労働者たちはなかなか受け入れようとしない。何度も話し合った末に、二〇〇〇元を支払うことを張鳳嶺さんは提案するが、それでも労働者たちは受け入れない。

張鳳嶺さんはついに怒り、訴える。「これらの遺骨は全てが私たちの同胞ではないか！　私はあなたたちに二〇〇〇元を支払うと言っている。惨死させられた同胞のために、私が自腹を切り全てを負担するのだ」。

しかし、張鳳嶺さんの提案と願いを労働者たちは受け入れてはくれなかった。

労働者たちが立ち去ったあと、張鳳嶺さんは大きな編み上げ袋を探してきて、遺骨を袋に入れて屋外に運び出す作業を始める。このとき既に還暦を過ぎ糖尿病も患っている張鳳嶺さんが、休むことなく二日間かけて遺骨を屋外に運び終える頃には、呼吸は荒くあえいでいた。

そのようにして屋外にようやく運び出した遺骨の一柱が張鳳嶺さんの目に入る。その、背が高い犠牲者の遺骨は歯がとても白く、おそらく一八歳か一九歳の若者だろう。遺骨には、錆びついた針金が巻き付けられている。それを見て、張鳳嶺さんの目に涙があふれる。(注B) このようなまだ若い中国人の青年が日本人によって惨死させられたのだ。ひっそりと並んでいる遺骨の前で張鳳嶺さんは声をあげて泣いた。

(注B) 第四章で紹介する舟山守夫さんらJR東海労働組合の一行が一九九七年一〇月一日に虎石溝万人坑記念館を訪れたとき、記念館の建屋の裏側(屋外)で、青いビニールシートに覆われる(包まれる)大量の遺骨を確認している。舟山守夫さんらが確認したその大量の遺骨は、その年の夏に水没した記念館内から張鳳嶺さんが一人で運び出し、陽に当てて乾かした遺骨だと思われる。

虎石溝万人坑記念館が愛国主義教育基地になる

二〇〇〇年代になると中国共産党指導部が、愛国主義教育基地を中国全土で整備し未成年者に対する愛国主義教育を充実させることを決定し、各地方組織に教育基地整備の指示を出す。

中国共産党指導部のこの方針に応えるため、大石橋市共産党委員会と市政府は、愛国主義教育の生きた教材として虎石溝万人坑記念館を選定し再び重視することを二〇〇四年六月二四日に決定する。そして、大石橋市共産党委員会と市政府の幹部は、虎石溝万人坑のことを誰よりもよく知っている張鳳嶺さんに相談し会議を開く。

その会議の席で大石橋市共産党書記は、「もしも、張鳳嶺さんが（記念館内の小屋に移り住み）この八年間にわたり虎石溝万人坑記念館を管理していなければ、全ては無くなってしまっていただろう」と指摘する。そして、この会議で、大石橋市文化局に万人坑記念館事務局を設置し、必要な資金を投入して虎石溝万人坑記念館を改築し大規模に拡張することが決定される。忘れられた場所になってしまったと張鳳嶺さんが残念そうに話していた虎石溝万人坑記念館が新しく建て直されることになったのだ。

そして、二〇〇四年九月一日に、虎石溝万人坑の新記念館の建設工事が着工された。張鳳嶺さんは、それまで住んでいた小屋を工事のため出ざるをえなくなるが、遺骨と万人坑のことが心配で、工事中の記念館を毎日訪れ万人坑と遺骨の点検を欠かさない。張鳳嶺さんは取材の記者に、「二年後に新たな解説員が養成されれば私の任務は終わる」と話した。

河南報は、張鳳嶺さんを紹介する記事の中で次のように記している。「虎石溝万人坑が掘り起こされ公開されてから今年（二〇〇四年）で既に四〇年が経っている。万人坑を守ってきた四〇年間を思い起こすと、張鳳嶺さんには胸に迫るものがある。とりわけ、（大石橋マグネサイト鉱山が閉鎖された）一九九〇年からの一五年間は、虎石溝万人坑は『母のない子』になっていた。しかし、その間も張鳳嶺さんは虎石溝万人坑に精神（心）と物資を投入し続けてきた。それは、『館長』という肩書と職責をはるかに超えるものであった。張鳳嶺さんは、報酬を求めることもなく、何かの地位に就くこともなく、一人の中国人として良心に従い、虎石溝万人坑の同胞の遺骨をたった一人で見守ってきたのだ」。

虎石溝万人坑新記念館竣工

新しい虎石溝万人坑記念館は二〇〇五年に竣工する。以前の古い記念館は、一四〇平方メートルの万人坑発掘現場を保存するだけの広さのこじんまりした木造の建屋だった。しかし、鉄筋コンクリート製の新しい記念館では、一四〇平方メートルの万人坑発掘現場と同じくらいの広さの遺骨置き場が発掘現場の隣に増設され、張鳳嶺さんが大切に保管し見守ってきた犠牲者の遺骨が丁寧に並べられている。さらに、万人坑発掘現場の手前側に相当に広い資料展示場が別室として増設され、写真や図表や遺物などが展示されている。

大幅に拡張され近代的な建物に一新された虎石溝万人坑記念館は、形の上では、愛国主義教育基地にふさわしい施設に整備されたと言えるようだ。

第三章　注記

（注01）ＪＲ東海労働組合新幹線関西地方本部の舟山守夫元委員長から受領した新聞記事の日本語訳による。
（注02）本多勝一著　①『中国の旅』朝日新聞社、一九七二年　②同名の文庫本、朝日新聞社、一九八一年　③『本多勝一集14――中国の旅』朝日新聞社、一九九五年
（注03）李秉剛著『万人坑を知る――日本が中国を侵略した史跡』東北大学出版社（中国-瀋陽）、二〇〇五年、五四

頁

（注04）李秉剛主編『日本侵華時期遼寧万人坑調査』社会科学文献出版社（中国-北京）、二〇〇四年、三九九頁

（注05）本多勝一著『中国の旅』文庫本、朝日新聞社、一九八一年、一六二頁

第四章　舟山守夫さんと大石橋虎石溝万人坑

大石橋の虎石溝万人坑記念館が、廃館あるいは消滅の事態まで含めて危機的な情況に陥っていたが、二〇〇四年に新記念館の建設が着工され、日中戦争に関わる貴重な史跡として大切に維持・保全されるようになったことと、虎石溝万人坑記念館を保全し存続させるため張鳳嶺さんがたった一人で献身的に闘い続けてきたことを前章（第三章）で紹介した。

その張鳳嶺さんの献身的な闘いの一番苦しい最後の数年間を物心両面から支え、虎石溝万人坑記念館の保全と存続に少なからず寄与したのが日本のＪＲ東海労働組合新幹線関西地方本部（以降は、ＪＲ東海労や新幹線関西地本や関西地本などの略称も使用）だ。そして、現在は、「憲法９条‐世界へ未来へ‐近畿地方連絡会」の世話人であり、ＪＲ東海労働組合の中央特別執行委員も務めた舟山守夫さんは、ＪＲ東海労新幹線関西地本の初代委員長として一九九七年に初めて虎石溝万人坑を訪れて以来、虎石溝万人坑記念館の保全と存続のため中心となって活躍した一人だ。

舟山守夫さんとＪＲ東海労新幹線関西地本は、張鳳嶺さんを支え虎石溝万人坑記念館を守るためどのように行動してきたのだろう。本章（第四章）では、ＪＲ東海労の活躍を、舟山守夫さんを中心に据えて紹介する。

中国との出会い

本章（第四章）の主人公というような位置づけになる舟山守夫さんは一九四七年八月六日に山形県のとある田舎町で生まれた。その舟山守夫さんの父は、一九四四年か一九四五年に徴兵され中国に派兵された元日本軍兵士だ。そのため、舟山守夫さんの生家の神棚には、軍隊で使用されたラッパと短刀が置いてあり、子どもの頃からそれを見ながら育っている。父とは戦争の話をあまりしていないが、七歳年上の兄から父の戦争の話を断片的に聞いている。

高校を卒業するまでの一八年間を故郷の山形で暮らしたあと、舟山守夫さんは一九六六年四月に日本国有鉄道（国鉄）に就職し、新潟県のある機関区に配属される。新潟の職場では、蒸気機関車の整備掛を経て機関助手になり、蒸気機関車と共に七年を過ごした。

そのあと、一九七二年の二五歳の時に大阪の新幹線職場に異動することになる。当時の田中角栄首相が、「日本列島改造」路線に基づき上越新幹線を一九七五年に開通させるという構想を表明しているので、新潟の機関区でも、新幹線の運行を担うことができる要員が必要となっていた。そのため、既に新幹線を運行している大阪の新幹線職場で上越新幹線の開業要員として育成研修を受けるため新潟の機関区から数名が派遣されるのだが、開業要員の一人として舟山守夫さんも大阪に派遣されることになったのだ。

一九七二年一二月に大阪の新幹線職場に異動になった舟山守夫さんは、業務としての育成研修に励むかたわら、労働組合の中で活動を始め、割合と熱心に組合活動に取り組むようになる。そして、労働組合でいろいろな活動をするうちにたくさんの仲間と知り合い、大阪の職場で仕事と組合活動を続けることを希望するようになる。そののち、新潟の元の職場に戻るのを断ることになる。

さて、労働組合でいろいろなことを経験し戦争と平和について学ぶようになると、父は中国で何をしたのか、どう思いどう考えたのか、戦争に翻弄され苦労したのだろうかと、いつの頃からか思うようになる。そして、中国に一度は行ってみたい、中国に行って本当のことを確かめないといけないと強く意識するようになる。父が日本軍兵士として中国で従軍していることが、舟山守夫さんが中国に引かれる一番の理由だ。

一方、社会党系の労働組合で組織している日中友好国民運動連絡会議は、一九七八年の日中平和友好条約締結を歓迎し、三公社五現業の各労働組合の若手組合員を参加させる第三回訪中団を一九七九年に派遣することを決定する。そして、二八名の若手組合員が推薦され訪中団に参加することになるが、そのうちの一人に舟山守夫さんは選ばれた。こうして一九七九年に舟山守夫さんは中国の旅を初めて経験することになる。

その当時の中国の情況については、参考ということで、『新しい東アジアの近現代史』(注01)から当該部分を以下に引用しておく。

「中国文化大革命以後の中国は、鄧小平が提唱した改革・開放政策を推進した。鄧小平は計画経済をおこなわなくても社会主義社会の存続は可能であり、中国は社会主義市場経済の構築をめざすという理論の修正をおこない、経済開発による生産力の増大を優先し、経済成長による国民生活の向上をめざした。改革・開放政策を決定した中国共産党の11期3中全会（1978年末）以後、中国はそれまで否定してきた資本主義国からの外貨導入に踏み切り、西側の先進的技術と設備、資金、経済管理などを積極的に誘致した。そのため中国は、東西を問わずあらゆる国との友好・協調関係の安定的発展を重視した」(注02)。

このように鄧小平の改革・開放政策が始まりつつある一九七九年の二月二四日から三月九日の日程で中国を訪れた日中友好国民運動連絡会議の訪中団一行は、北京・南京・揚州・蘇州・上海を巡り、工場や生産団体や学校などを見学し、中国の新しい動きを学ぶ。当時の中国は、カメラがまだめずらしい頃であり、お土産に持っていった一〇〇円ライターとボールペンを渡すと、とても喜んでもらえた。

こうして、子どもの頃から中国を意識していた舟山守夫さんは一九七九年に中国の旅を初めて経験する。しかし、残念なことに、日中戦争に関わる史跡や戦跡を訪ねることはできなかった。

ＪＲ東海労結成

中曽根内閣による「行政改革」で一九八七年四月一日に日本国有鉄道（国鉄）は、六つの旅客鉄道と一つの貨物鉄道とその他に解体・分割されたうえで民営化された。このとき、舟山守夫さんが所属している大阪の新幹線職場はＪＲ東海旅客鉄道株式会社（ＪＲ東海）に組み込まれる。

民営化されたＪＲ東海では、二万人規模の組合員が加入するＪＲ東海旅客鉄道労働組合が組織される。そして、「行革」民営化で作り出されたＪＲ東海の経営側は、会社の方針に異を唱える労働者に圧力をかけ排除しようとする。

これに対し、会社の方針に異を唱える労働者は、一九九一年八月一一日にＪＲ東海労働組合（ＪＲ東海労と略称）を結成する。ＪＲ東海労に加入する当初の組合員は一二〇〇名ほどで、本部（中央）と名古屋地方本部・静岡地方本部・新幹線地方本部の三つの地方本部（地本）で組織される。三つの地方本部の中で新幹線地本の規模が最も大きく、所属する組合員は約九〇〇名になる。

舟山守夫さんの職場は新幹線地本の所属になるが、会議などがあると東京と大阪を往復しなければならないので、不便な面があった。そこで、一九九五年に、元々の新幹線地本を分割し、新しい新幹線地方本部（新幹線地本、組合員約七〇〇名）と新幹線関西地方本部（関西地本、組合員二〇〇名余）の二つの地方本部に再編する。そして、新幹線関西地本の初代委員長に舟山守夫さんが就任する。（そののち、二〇〇一年七月まで関西地本の委員長を務めることになる。）

ＪＲ東海労新幹線関西地本の中国（海外）平和研修

一九九六年の秋にＪＲ東日本労働組合が実施したポーランド平和研修にＪＲ東海労新幹線関西地本から一部の組合員が参加し、アウシュビッツ収容所を含むポーランドの各地を巡り歩く。

そのポーランド平和研修から帰国したあと、研修に参加した関西地本の組合員の社宅でポーランド平和研修の報告会を開催する。その刺激的で有意義な報告会のあとの、酒を飲みながらの雑談（話し合い？）の中で、関西地本としても海外平和研修を実施しようということになる。そして、研修先を相談する中で、アウシュビッツ収容所には行ってみたいがポーランドは遠い、戦争で甚大な被害を受けたところや大きな事件の現場を知りたい、日本の侵略で大きな被害を受けた中国なら近いと話が進み、関西地本委員長の舟山守夫さんが中心になり、中国を訪ねる海外平和研修を企画することになる。

そこで、舟山守夫さんは、中国の旧「満州国」を訪ねる海外平和研修を一九九六年の秋に既に実施しているＪＲ西日本労働組合（ＪＲ西労）から、研修の行程表など「満州国」訪問の詳細な内容を教えてもらう。そのＪＲ西労の訪問先である撫順や瀋陽やハルピン（七三一部隊）は知っていたが、「大石橋」や「万人坑」は初めて聞く地名であり言葉だった。このとき、本多勝一さんの『中国の旅』(注03)もＪＲ西労から紹介されている。

そして、関西地本内でいろいろと検討したあと、ＪＲ西労から紹介された旅行社（コニーチャイナサービス社）に相談し、中国を訪ねる海外平和研修を一九九七年の秋に実施することを決める。この時点では、関西地本が後に深く関わることになる大石橋マグネサイト鉱山の万人坑に特別に関心が高かったわけではない。

第一回中国平和研修

ＪＲ東海労新幹線関西地本が企画する初めての海外研修となる第一回中国平和研修は、一九九七年一〇月一日から五日までの四泊五日の日程で、組合員と家族を合わせて一〇名が参加して実施される。訪問先は、大連・大石橋・平頂山（撫順）・瀋陽・北京・盧溝橋・南京・上海であり、短い日程の中でたくさんのところを訪れる相当に欲張った強行軍だ。旅行社からは、ガイド兼通訳として中平永華さんが同行してくれる。

訪中一日目となる一〇月一日は、大石橋の旅行社から現地ガイドとして同行してくれる女性の李さんと男性の二名のガイドに案内され、大石橋の市街から、マグネサイト鉱山地帯の一画にある虎石溝万人坑に向かう。虎石溝万人坑の周辺は基本的に山野が広がっているが、虎石溝万人坑記念館（本館）に近づくと、記念館に向かう道路の左側に建物が幾つか建っている。

関西地本の研修団が虎石溝万人坑記念館に到着するのは夕刻近くになる。そして、研修団一行が降り立った記念館建屋の正面に、一九九一年九月に建立された「鉄証」と刻まれる、かなり大きくて目立つ記念碑が設置されている。

さて、案内と解説を依頼していた張鳳嶺さんは親戚に不幸があり、残念ながらこの日は会うことができないということだ。そのうえ、張鳳嶺さんから事前に預かっている鍵では、記念館（本館）入口の南京錠を開けることができない。しかたがないので、南京錠を壊して記念館の中に入る。そして、舟山守夫さんら関西地本研修団の一行は、記念館の建屋内に保存されている万人坑発掘現場を初めて目にする。本多勝一さんが『中国の旅』に記録しているあの虎石溝万人坑だ。

万人坑のことを、写真や文字を通して知識として知ってはいても、しょせんは机上の知識にすぎない。犠牲者の遺骨を実際に目の前にして自分の目で見て、あまりの衝撃に舟山守夫さんは言葉を失う。本多勝一さんの言葉を借りれば、（注04）「この万人坑のような恐ろしい光景は、生涯で初めて」であり、このときの衝撃は舟山守夫さんの「脳裏に終生消えることのないであろう擦痕《さっこん》を残した」。

記念館の建屋内に保存されている万人坑発掘現場を確認したあと、屋外に出て記念館建屋の裏側に回る。すると、青いビニールシートに覆われる（包まれる）大量の遺骨が積み上げられている。犠牲者の遺骨がほとんど野ざらしの状態で屋外に放置されているのに驚き、この遺骨を早くていねいに埋葬し、犠牲者に手を合わせる場を作りたいと舟山守夫さんは思う。（このとき屋外に積み上げられていた大量の遺骨は、翌年か翌々年のＪＲ東海労関西地本の訪問時には、記念館建屋内の万人坑発掘現場の脇に運び込まれている。）

犠牲者の遺骨
青いビニールシートに包まれる大量の遺骨が虎石溝万人坑記念館の裏側に置かれていた。

ところで、初めての大石橋訪問で研修団が案内され確認したのは虎石溝万人坑記念館（本館）だけであり、館内には、本多勝一さんやJR西労が献花した花輪が供えられていた。しかし、本多勝一さんの『中国の旅』に記述されている本館横のガラス張りの二棟の別館や、資料館（階級教育展覧館）に改装されていた刑務所の建物などは案内されておらず、認識もしていない。だから、一九九七年の新幹線関西地本の第一回中国平和研修の時点で、これらの施設は既に失なわれてしまっていたのだと思われる。

大石橋の虎石溝万人坑を訪れることは中国平和研修の第一の目的ではなかったが、現地に来て万人坑の現場を確認し、初めて本当に驚いた。万人坑に埋められた犠牲者の遺骨と直接向き合い、心の動揺と驚きが複雑に交錯して言葉を失い、その複雑な想いが、日本人による中国人大量殺戮に対する怒りに転化する。舟山守夫さんと同行の組合員らは、研修団に参加し現場に来て初めて事実の重大さに気づいたのだ。そして、大石橋市あるいは遼寧省による虎石溝万人坑記念館の管理が杜撰であることを知り、毎年訪れて状況を確認しなければならないと決意する。

大石橋の旅行社から同行してくれている現地ガイドの李さん（女性）に、関西地本の花輪を記念館に供えて（献花して）くれるように依頼して一万円を手渡し、虎石溝万人坑記念館をあとにする。

大石橋訪問の翌日に訪れた撫順では、平頂山惨案遺跡記念館を参観する。一九三二年九月一六日に日本軍守備隊が引き起こした平頂山事件（注05）で三〇〇〇人の住民らが集団虐殺された現場（万人坑）を保存している記念館だ。このとき平頂山惨案遺跡記念館で案内や説明をしてくれたのは、記念館の通訳を務める朝鮮族系の若い女性職員である金花順さんだ。

舟山守夫さんと研修団の一行は平頂山でも再び大きな衝撃を受ける。そして、大石橋と平頂山は、翌年からの関西地本の中国平和研修で毎回訪れ、若い組合員を含め新たに研修に参加する全員に虎石溝万人坑と平頂山事件の現場を確認してもらうことになる。

また、南京では、南京大虐殺に巻き込まれながら一命を取りとめた幸存者の一人である李秀英さん（注06）から証言を聞く。そして李秀英さんから、「日中間の平和友好は、砂の上ではなく、固い石の上にこそ築かなければならない」と言われ、反戦平和運動に対するＪＲ東海労の取り組みを今まで以上に強めていく以外に未来はないと舟山守夫さんは自分自身に言い聞かせる。

こうして第一回中国平和研修を終え、侵略に対する反省がないと日本人は信用されないということを改めて痛感させられた。そして、反省の証を、目に見える「形あるもの」にして加害の地に残そうと心に決め、舟山守夫さんは中国との交流を重ねることになる。

第二回中国平和研修

ＪＲ東海労新幹線関西地本が企画する一九九八年の第二回中国平和研修は、秋も深まった一一月に実施され、組合員と家族・友人を合わせて一二名が参加する。

訪中初日の一一月七日の夕方五時頃に大石橋の虎石溝万人坑記念館に到着した研修団一行は、この年も張鳳嶺さんと会うことはできず、大石橋の案内を担当してくれる現地旅行社のガイドから万人坑の説明をしてもらう。そして、記念館内の万人坑発掘現場の脇に、関西地本の名前を記した花輪を供える（これ以降、毎年花輪を供えている）。

ところで、現地のガイドの話によると、虎石溝万人坑記念館の運営はうまくいっておらず、廃館にするという話も出ているとのことだ。舟山守夫さんは、この頃の虎石溝万人坑記念館に関わる情況を、二〇〇四年の訪中報告書の第三項に次のように記している。

「１９９８年に訪問した時、『万人坑周辺の企業の相次ぐ倒産、マグネサイト鉱山の工場閉鎖の危機、これらに伴って、土地の売買問題が発生していて、館が立っている付近も含まれる。紀念館《ママ》の管理をめぐって国と市とで論争がある。国が管理するが財政がない、どうするか』ということを中国側から私たちは聞かされた。

これが事実だとすれば、当時は、紀念館《ママ》は〝廃館〟の危機にあったということだ。

当時（今もそうだが）江沢民前国家主席は、日本政府に対し、『20世紀における日本軍国主義者による中国侵略の歴史的事実、つまり、歴史認識』ということを強く要請していた。
他方、侵略の具体的箇所を国や省や市が『教育基地』と指定して、中国人民を教育し続けてきた。（ちなみに、ここ虎石溝万人坑紀念《ママ》館も省か市の教育基地に指定されており、侵略の歴史的事実の一つでもあるのだ）もし、この紀念館を廃館にするということであれば、この間の中国政府の主張とは矛盾する」。

研修団は、虎石溝万人坑記念館を訪れたあと、外事弁公室から紹介されている大石橋市の岳書民《がくしょみん》副市長と大石橋賓館（ホテル）で面会し、虎石溝万人坑記念館の保全修理の改善と併せ存続自体を要請する。そして、関西地本の全組合員と家族が取り組んだ記念館への初めてのカンパ金二〇万円を岳書民副市長に直接手渡す。当時の中国では、南京鉄路工会の鉄道労働者の月給は九〇〇〇円、上海鉄路工会の鉄道労働者の月給は一万円なので、二〇万円というのはかなりの金額ということになる。

このときの、ＪＲ東海労関西地本の大石橋訪問と岳書民副市長との会談のことを、地元の新聞社である大石橋報は、一九九八年一一月二〇日付の紙面で次のように報じている（原文は中国語。関西地本による翻訳）。

「前事不忘后事之師（前事を忘れず、後事の戒めとする）

日本国ＪＲ東海労訪中団、虎石溝万人坑を参観

夕もやの立つ11月7日夕方5時、夕日がその紅い余韻を放出するさなか、舟山守夫団長率いる日本国ＪＲ東海労働組合新幹線関西地方本部第二回東海労訪中団一行12名が、大石橋の南満鉱業時代に日本人が中国で犯した甚だしい罪の確証『虎石溝万人坑』を見学した。

１９３９年、日本当局は大石橋市東部の聖水寺村に第二監獄と矯正輔導院を建設し、惨殺された〝政治犯〟〝思想犯〟と南満鉱業株式会社の労働者は、あわせて1万7千人にも達した。

岳書民副市長（中央左）と舟山守夫さん（中央右）
カンパ金を直接手渡し、虎石溝万人坑の保全と存続を要請する。

虎石溝万人坑だけの面積でも５０００平米あまりにも及ぶ。１９６６年に発掘された一角（面積１４０平米、深さ３メートル弱）だけでも１７１の白骨が7層につまれ、なかには両手を鉄線で縛られたもの、頭がい骨が砕けたもの、頭部が石の下敷きになったもの、横になって口を開けたままのものなどすべて生き埋めにされた状態であった。

車で15キロの距離を走り、虎石溝万人坑へ到着したとき、すでに日が暮れてあたりは暗くなっていた。にもかかわらず東海労訪中団は〝前事不忘后事之師〟〝中日工人団結反対戦争（中日の労働者は団結して戦争に反対しよう）〟の横断幕を手に『虎石溝万人坑』を見学し、そして〝中日工人団結反対戦争〟と日中両国文字で書かれた花輪と平和を祈り、平和の象徴である手作りの千羽鶴を供え、被害者に哀悼の意を表すと共に彼らの心からの平和を求める声を表した。

見学終了後、東海労訪中団舟山団長は、後世の人々が永遠にこの歴史を忘れないようにと、『虎石溝万人坑』の修理費用として東海労働組合の労働者の寄付金20万円を岳書民大石橋市副市長に手渡した」。

さて、大石橋訪問の翌日に訪れた平頂山惨案遺跡記念館では、記念館職員で通訳を担当する金花順さんが前回に続いて対応してくれる。そして、平頂山事件の幸存者（生存者）であり、日本の裁判所に提訴した平頂山事件訴訟[注07]の三人の原告のうちの一人でもある楊宝山さん[注08]から証言を聞く。平頂山事件当時にかぞえ一〇歳（満九歳）だった楊宝山さんは、日本軍による虐殺で両親と弟、つまり家族全員を殺害され、自身も銃弾を受け傷を負っている[注09]。

第三回中国平和研修

ＪＲ東海労新幹線関西地本が企画する一九九九年の第三回中国平和研修団の一行は、第一回・第二回と同様に、訪中初日の夕方に大石橋の虎石溝万人坑記念館を訪れる。そして、この三回目の訪問で研修団一行は張鳳嶺さんと初めて会うことができ、大石橋マグネサイト鉱山における強制労働の残虐な実態と虎石溝万人坑について説明を受ける。

張鳳嶺さんの眼差しは真剣で、現地ガイドによる通り一遍の説明とはまるで異なり、誠実にそして熱い情熱をみなぎらせ、犠牲者の声を代弁するように話してくれる。個々の遺骨についての説明も詳細で、一〇体余が整然と並んでいる遺骨は、政治犯とされ集団虐殺された人たちの遺骨であり、一般の労工の遺骨ではないということも話してくれる。無残に殺害された中国人同朋の無念さを一身に背負っているような迫力を張鳳嶺さんはほとばしらせる。

この三回目となる大石橋訪問では、肩書や役職は不明だが大石橋市の関係者だという宋さんという人に、関西地本の組合員から募ったカンパ金を手渡した。

大石橋訪問の翌日に訪れた平頂山惨案遺跡記念館では、幸存者である楊宝山さんの証言を前年に続いて聞かせてもらう。しかし、楊宝山さんの証言を聞くのはこの年の訪問までであり、翌年（二〇〇〇年）以降は、楊宝山さんら幸存者の証言を聞く場を設けることはできていない。また、この年までは、平頂山事件の犠牲者の遺骨がそのまま残されている虐殺現場（万人坑）の写真撮影は禁止されている。

こうして、三回の中国平和研修を実施し、中国政府や遼寧省と大石橋市政府の虎石溝万人坑記念館に対する無責任で杜撰な対応が分かった舟山守夫さんは、中国政府に文句を言いたいと怒りをつのらせる。つまり、中国の要人は日本政府に対し、「日本は歴史認識が甘い、日本の歴史認識はでたらめだ」と文句を言うのに、日本による侵略加害の実態を示す証拠の保全は杜撰で、虎石溝万人坑という貴重な史跡がボロボロになっている。そういう中国の実情に対し、日本による加害の歴史を、侵略された中国にとっては被害の歴史を伝える貴重な史跡をきちんと保全し将来に残す努力を中国政府はするべきだと指摘しているのだ。ＪＲ東海労の研修団をいつも受け入れ案内してくれる中国人のガイドも、特に虎石溝万人坑記念館は改修・保全を万全にすべきだと話しているそうだ。

さて、関西地本の中国平和研修は節目の三年目（三回目）を終えた。しかし、日本国がかつて犯した侵略戦争に対する反省の意志を具体的に「形あるもの」として示し日中友好の証として末永く残すという目標を実現するため、平和研修の内容を追加・工夫しながら四回目以降も継続して実施することになる。

この、反省の意志を具体的に「形あるもの」にして示すということについて、二〇〇四年の訪中報告の第四項で舟山守夫さんは次のように記している。

「私たちは、いかなる戦争にもテロにも反対する。

〃15年戦争〃といわれるかっての日本軍国主義による中国侵略に対しても私たちは同じ立場をとる。しかし、私は、現地中国に行って具体的な侵略の事実に触れた時、確かに『侵略戦争反対』とはいうけれど反対、つまり、今となっては〃反省〃の側の意志表現として具体的に形あるものを相手に示さない限り、とりわけ、中国人民はじめ、アジア諸国の人民との友好や連帯は獲得されないばかりか、『侵略戦争反対』と現地でいくら主張しても理解が深まらないものだとつくづく感じさせられていた」。

それゆえ、反省の意志を示す具体的に「形あるもの」を残さないまま中国平和研修を三回でやめていたら後悔することになっていただろうと舟山守夫さんは思う。

反省の意志を示す「形あるもの」を残す

平頂山事件の幸存者である莫徳勝《ばくとくしょう》さんと楊宝山《ようほうざん》さんと方素栄《ほうそえい》さんは、平頂山事件を「解決」するため一九九六年に東京地方裁判所に提訴した。この三人の原告が「平頂山事件の解決」として求める内容は次のとおりである(注10)。

日本政府は、

一　平頂山事件の事実と責任を認め、幸存者及びその遺族に対して、公式に謝罪を行うこと。

二　謝罪の証として、

（一）日本政府の費用で、謝罪の碑を建てること。

（二）日本政府の費用で、平頂山事件被害者の供養のための陵苑を設置、整備すること。

三　平頂山事件の悲劇を再び繰り返さないために、事実を究明しその教訓を後世に伝えること。

しかし、謝罪の碑を建て、被害者の供養のための陵苑を整備することなど平頂山事件の被害者の要求を無視し日本政府は何もしないので、平頂山惨案遺跡記念館がある虐殺現場の一帯を二〇〇〇年頃に中国側の手で公園として整備している。

（注）平頂山事件の裁判は、最高裁判所の上田豊三裁判長が二〇〇六年五月一六日に上告を棄却し、上告審として受理しないと決定し終了することになる。(注11)

さて、舟山守夫さんとJR東海労関西地本は、日本の侵略責任に対する反省の意志を示す「形あるもの」を残すため、大石橋の虎石溝万人坑記念館と撫順の平頂山惨案遺跡記念館に、関西地本が製作（寄贈）する記念碑（犠牲者追悼碑）を設置することを二〇〇〇年の初頭に申し入れた。平頂山事件の裁判で原告が要求している二（一）項の謝罪の碑に込められている意味合いと同じような趣旨であり、二〇〇〇年八月に予定している第四回中国平和研修で現地を訪れる時に合わせて記念碑を「建立」したいと、期限を設けて関西地本は要望している。

しかし、大石橋市政府からは、JR東海労の記念碑を設置することは中国政府の事情によりできないという返答が七月上旬に届く。一方、平頂山惨案遺跡記念館では記念碑設置に向けて準備が進められるが、関西地本の訪中の直前になってから、記念碑を設置することはできないと連絡が入る。撫順市政府や遼寧省政府の意向により記念碑の設置ができなくなったのだと思われるが、現場（平頂山惨案遺跡記念館）の蕭景全《しょうけいぜん》館長らは、日本政府は何もしないのに、日本の労働組合であるＪＲ東海労が記念碑の建立を申し出てくれたことが嬉しいと喜んでくれている。

こうして、関西地本が希望する記念碑の建立は実現が先送りされた。しかし、二〇〇〇年の第四回中国平和研修は、組合員と家族を合わせて一二名が参加し、八月九日から一二日の日程で予定通り実施することになる。前回までは一〇月か一一月の秋の訪問だったが、第四回は夏の暑い時期の訪問だ。

第四回中国平和研修の一行は、訪中二日目の八月一〇日の昼頃に大石橋に着き、前の年（一九九九年）に初めて対面している張鳳嶺さんと虎石溝万人坑記念館で再会する。そして、平和研修に初めて参加する組合員らと共に、大石橋マグネサイト鉱山における強制労働と虎石溝万人坑について改めて説明を受ける。

張鳳嶺さんは、虎石溝万人坑について説明する中で、「満州国」時代に大石橋マグネサイト鉱山を経営していた日本人を非難するが、舟山守夫さんらＪＲ東海労の人たちは当時の日本人とは違うと言って気づかってくれる。それどころか、辺鄙なところにある虎石溝までわざわざ来てくれる日本人はそうは（たくさんは）いないと言って歓迎してくれる。この日はドシャ降りの雨に見舞われ、記念館に降りつける雨音で張鳳嶺さんの説明が聞こえないほどだ。そのうえ、記念館の雨漏りもひどい。

さて、この頃の張鳳嶺さんは、虎石溝万人坑記念館のすぐ近くにあるレンガ造りの小さな家に移り住み、記念館を保全し存続させるため一人で真剣に奮闘している。張鳳嶺さんの想いは、虎石溝万人坑という史実を伝える貴重な現場を残し多くの人に事実を知ってほしいということであり、大石橋市政府や遼寧省政府が記念館の修理費も出してくれない中で、自腹を切って費用を捻出し記念館の面倒をみている。

その張鳳嶺さんに、新幹線関西地本の第六回定期大会で組合員と家族が名前を書き入れた檄布（張鳳嶺さんを激励するための短冊状の布）を額縁に入れて贈呈する。そして、虎石溝万人坑記念館を保全し存続させるため共に努力すると伝え、関西地本で集めたカンパ金五万円を張鳳嶺さんに直接手渡す。

このとき、前年までに渡したカンパを張鳳嶺さんは一切受け取っていないことが分かる。虎石溝万人坑記念館を保全し存続させるため張鳳嶺さんがほとんど一人で活動していることは、大石橋の誰もが知っているのだから酷い話だ。それだけでなく、大石橋市政府あるいは遼寧省政府の関係者は、記念館の閉鎖ということも話題にしている。それに対し、公的には何の力も持たない張鳳嶺さんが一人で反対しているという状況のようだ。

虎石溝万人坑をめぐる情況が分かってくると、張鳳嶺さんをますます大切にしないといけないと、舟山守夫さんも他の組合員らもしみじみと思うようになる。そして、中国平和研修に参加する人たちは、張鳳嶺さんに会うためにまずは大石橋に向かうことになる。こうして張鳳嶺さんは、虎石溝万人坑を守りたいと思うJR東海労関西地本の人たちにとって最も大切な人になる。一方、毎年訪ねてきてカンパまで提供してくれる関西地本の人たちは、張鳳嶺さんには嬉しく得難い存在になっているのだろう。

ドシャ降りの雨に見舞われたこの日は、虎石溝万人坑記念館からの帰りの道路に赤土の泥水が溢れ出ていた。

大石橋の訪問を終えた研修団の一行は、翌日の八月一一日に平頂山惨案遺跡記念館を訪れ、JR東海労関

舟山守夫さん（左）と簫景全館長
「中日工人団結反対戦争」の色紙を贈呈する。

西地本の平和研修活動を高く評価してくれている簫景全館長に初めて会う。そして、初対面の簫景全館長は、関西地本が希望している、ＪＲ東海労の誓いの言葉を刻む平和祈念碑の建立をこの年はとりあえず断念したが、記念館側で独自に製作した別の記念碑の除幕式とヒノキを植樹する式典を手配して関西地本の平和研修団を迎えてくれた。

ＪＲ東海労関西地本研修団の一行が、案内されるままに記念館の庭園の一画に行くと、ヒノキを植樹する区画が設けられ、一二カ所の穴があらかじめ掘られている。そこで、関西地本研修団と簫景全館長と記念館の職員は、一二本のヒノキの苗木を穴に入れ土をかけて植樹する。そのあと、ヒノキの植樹地の前に設置されている、記念館が独自に製作した記念碑の除幕式が厳粛に挙行された。関西地本研修団の目の前に姿をあらわした記念碑には次のように刻まれている。

舟山守夫さんと「日中友好恒久平和」記念碑
12本のヒノキの植樹地に日中友好碑が設置された。

日中友好
恒久平和
日本国JR東海労働組合訪中団
二〇〇〇年八月十一日

簫景全館長とは、四回目の平和研修となるこの年（二〇〇〇年）の平頂山記念館訪問で初めて会ったのだが、簫景全館長はJR東海労関西地本を大切な存在として重視してくれていて、遺骨館に保存されている平頂山事件の虐殺現場の写真撮影もこの年から許可された。（平頂山惨案遺跡記念館とJR総連東労組＝JR東日本旅客鉄道労働組合は友好関係を長年続けている。こうした事が大きく影響していると思われる。）

ところで、JR東海労働組合が結成されたのは一九九一年の八月一一日のことだ。それから丁度九年目の二〇〇〇年八月一一日に「日中友好恒久平和」記念碑が建立されヒノキの植樹が行なわれたのだ。JR東海労の組合員にとってはとても感慨深いことだろう。

ともあれ、中国平和研修に取り組み始めてから四年目となる二〇〇〇年に、大石橋の虎石溝万人坑記念館に「檄布」、平頂山惨案遺跡記念館に一二本のヒノキと「日中友好恒久平和」記念碑という「形あるもの」をＪＲ東海労関西地本は残すことができた。

そのあと、舟山守夫さんは、二〇〇一年の第五回中国平和研修まで関西地本委員長として研修団団長を務め、同年に開催された新幹線関西地本定期大会で委員長を退任する。しかし、委員長退任後も、中国平和研修を始めた張本人の前委員長あるいは元委員長として、関西地本の中国平和研修や大石橋と平頂山にはずっと関わり続けることになる。

平頂山でＪＲ東海労「平和祈念碑」除幕

関西地本が実施する中国平和研修が着実に成果を残したあと、二〇〇二年の第六回からはＪＲ東海労働組合中央本部が中国平和研修を主催することになる。そして、中央本部が初めて主催する第六回中国平和研修団が夏の暑い盛りの七月二五日に訪れた大石橋では、張鳳嶺さんのレンガ造りの家に初めて案内され、粒の大きいトウモロコシを御馳走になる。

ところで、この頃の張鳳嶺さんは病気がちで、病院通いが続く毎日だ。張鳳嶺さんの体調を心配するお連れ合いは、張鳳嶺さんが記念館近くのレンガ造りの家で過ごす日はそこで寝起きを共にしている。

そんな張鳳嶺さんが、一九七二年の日中国交回復から三〇年になり、日中関係で新たな動きがあると話してくれる。大石橋でも、二〇〇〇年に一旦は断わられた、虎石溝万人坑記念館にＪＲ東海労の記念碑を建立

JR 東海労「平和祈念碑」
平頂山惨案遺跡記念館に２年遅れで晴れて「建立」された。

する話が大石橋市政府の中で議論されているようだ。

そして、この年に舟山守夫さんは、日本のナショナル（松下電器）製の電気髭剃り機を張鳳嶺さんに贈呈することができた。（実は、張鳳嶺さんは日立製の電気髭剃り機を希望していたが、二〇〇二年の訪中には日立製が間に合わなかった。しかし、それから九年後の二〇一一年に、日立製のものを贈呈することができた。）もちろん、記念館へのカンパも続けている。

さて、大石橋の虎石溝万人坑記念館を訪ねたあと、翌日の七月二六日に撫順に移動し平頂山惨案遺跡記念館を訪れる。すると、記念館の庭園に設営されたヒノキの植林地に設置されている「日中友好恒久平和」記念碑の隣に、幕に覆われた石碑らしき物が据えられている。それは、ＪＲ東海労が要望していた「平和祈念碑」だった。そして、撫順市共産党委員会の関係者も参列する中で、「平和祈念碑」の除幕式が挙行される。

ＪＲ東海労が平頂山惨案遺跡記念館に記念碑建立を申し入れたのは二〇〇〇年の初頭のことだが、当初は、ＪＲ東海労の記念碑建立は撫順市政府（あるいは遼寧省政府）から許可されなかった。しかし、それから二年後の、日中国交回復三〇年となる二〇〇二年に記念碑建立が許可されたのだ。

こうして平頂山惨案遺跡記念館に晴れて建立された「平和祈念碑」の正面に中国語で、裏面に日本語で次のように碑文が刻まれている。

（正面の中国語碑文）

和平紀念碑
安息吧已去的灵魂
在此我们深怀反省之念
发誓
为中日人民的友谊
为世界和平而奋斗
　日本国ＪＲ東海労働組合
二〇〇〇年八月十一日

（中国語碑文の青木訳）

平和記念碑
亡くなった霊魂よ　安らかに眠れ
ここに私たちは反省の念を深く心に抱き
そして誓う
中日人民の友情のため
世界平和のため力を尽くすことを
　日本国ＪＲ東海労働組合
二〇〇〇年八月十一日

（裏面の、ＪＲ東海労起草の日本語碑文＝原文）

平和祈念碑

魂よ、安らかに眠りたまえ
ここに反省の念を抱き
中日人民の友好と世界平和を誓う
日本国ＪＲ東海労働組合
二〇〇〇年八月十一日

「平和祈念碑」に刻まれる日付は二年前の二〇〇〇年八月一一日だ。それは、撫順市政府などから許可がまだ出ていない二年前に簫景全館長と記念館が「平和祈念碑」の製作を既に済ませていたことを意味するのだろう。

簫景全館長は、日本と中国の国同士の関係は良くないが、民間の交流を大切にして両国の関係を改善したいといつも話す。そして、ＪＲ東海労の訪問を「友あり、遠方より来たる」と表現し、いつも心から歓迎してくれる。二〇〇二年のこのとき、「平和祈念碑」の除幕式にあたり簫景全館長から特別に話を聞いてはいないが、舟山守夫さんには簫景全館長の想いがよく分かる。

大石橋虎石溝でＪＲ東海労「誓いの碑」建立

二〇〇三年は重症急性呼吸器症候群（ＳＡＲＳ）が中国で大流行したのでＪＲ東海労の第七回中国平和研修は中止になり、二〇〇四年に延期される。

ＳＡＲＳ騒動が収まる二〇〇四年になると、ＪＲ東海労の記念碑「誓いの碑」を大石橋の虎石溝万人坑記念館に建立することが大石橋市政府から許可されたという嬉しい知らせが届く。そして、ＪＲ東海労の一行が平和研修で虎石溝万人坑記念館を訪れる際に「誓いの碑」の除幕式が挙行されることが決定する。

念願だったＪＲ東海労の記念碑の除幕式が大石橋で行なわれることが事前に決まったので、それまでの中国平和研修で最も多い三八名が参加し、一〇月二〇日から二四日までの四泊五日の日程で第七回中国平和研修が実施されることになる。

そして、ＪＲ東海労の研修団一行が一〇月二〇日に虎石溝万人坑記念館に到着すると、思いもよらない事態に遭遇する。記念館建屋に対し大規模な工事が行なわれているのだ。事前に何も知らされていない舟山守夫さんと研修団一行はその光景にびっくりする。このときの心の内を舟山守夫さんは、「二〇〇四年訪中報告」の冒頭の第一項に次のように記している。

「その瞬間、自分の目を疑った。本当にここは、あの虎石溝万人坑紀念《ママ》館かと。木造の古い紀念《ママ》館は、跡形も無く、あるのは、数十本のいや数百本の丸太で組み立てられた工事現場であり、あわただしく働く労働者の姿であった。

いや、この場所にまちがいない。しかし、これは一体どういうことか。一瞬悪い予感がよぎった。『うーん？　廃館か、取り壊し作業か？　しかし、祈念《ママ》碑はＯＫだったはず』……と。しかし、ちがっていた。元館長の張さん、中国側のガイドの王さんからの説明によってこの事態の何たるかが、明らかにされた。

つまり、この紀念《ママ》館、改築されるのだと。来年の夏までには、完成するらしい。完成予想図が団に紹介された。

また、私たちが希望した祈念碑《ママ》＝誓いの碑も紹介された。心配していた〝折りづる〟の絵もちゃんと彫りこまれていた。誓いの碑の建立そして紀念館《ママ》の改築！『ヤッター‼』と少し興奮気味に心の中で叫んでいる自分がいた」。

虎石溝万人坑記念館は世間から忘れられ廃館の危機に長いあいださらされ続けてきたが、第三章で紹介しているように、二〇〇四年に転機が訪れていた。愛国主義教育を全国で強化するという中央政府の方針を受け、大石橋の虎石溝万人坑記念館を愛国主義教育基地に指定することが決定されたため、虎石溝に新しい記念館が建設されることになったのだ。そして、二〇〇四年九月一日に新記念館の建設工事が着工され、着工から一カ月半ほど過ぎ工事が進んでいるところにＪＲ東海労の研修団がやってきたのだ。

ＪＲ東海労の記念碑「誓いの碑」の除幕式を楽しみに大石橋にやってきた研修団一行を、途方もないほど大きなもう一つの「贈り物」が待っていたのだ。舟山守夫さんら研修団一行の喜びは、部外者には想像もできない大きなものだったのだろう。

ＪＲ東海労の記念碑「誓いの碑」も約束通り完璧に完成していて、工事中の記念館の脇に、幕を掛けた状態で設置されている。その記念碑の除幕式を第七回中国平和研修団は無事に挙行することができた。記念碑の正面に日本語の碑文が、裏面に中国語の碑文が、おりづるの絵と共に刻まれている。日本語の碑文は次のようだ。

歴史の証人
虎石溝万人坑紀念館を永遠に

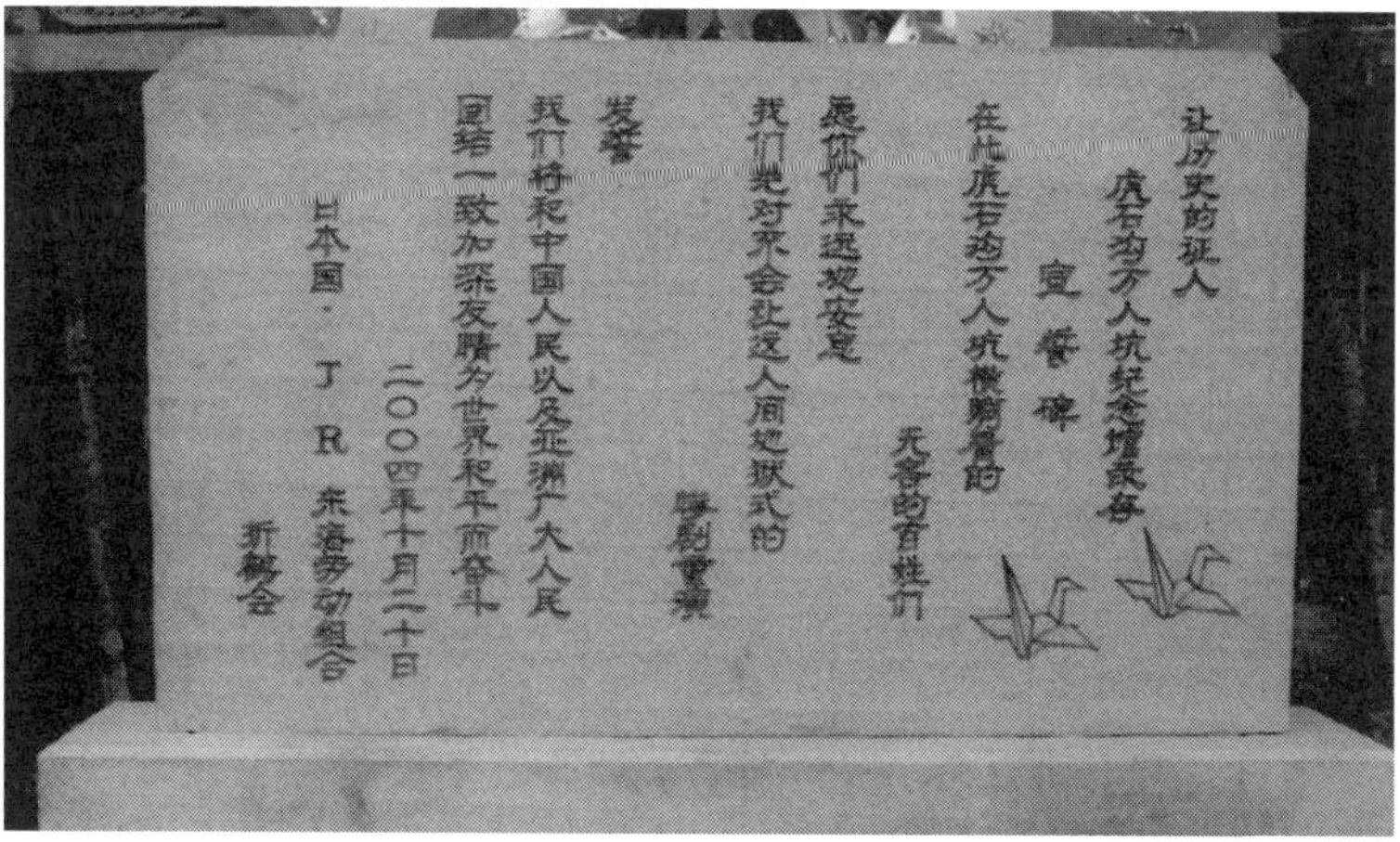

JR 東海労「誓いの碑」

2004 年に虎石溝万人坑記念館に建立された。

誓いの碑

ここ虎石溝万人坑に横たわる無言の民たちよ
どうか今は安らかに眠りたまえ
「人間地獄」としかいいようのないこの惨劇を
われわれは、絶対に繰り返してはならない
そのために中国人民はじめ、
アジアの多くの人々との友情と連帯を深め、
そして世界平和のためにたたかうことを誓う

二〇〇四年十月二十日

日本国　ＪＲ東海労働組合
おりづるの会

碑文に刻まれている「おりづるの会」というのは、関西地本組合員のお連れ合いや家族でつくっている親睦会の名称だ。

こうして、二〇〇四年の大石橋・虎石溝万人坑記念館への訪問は、舟山守夫さんとJR東海労一行にとって、忘れることのできない意義深いものになった。「二〇〇四年訪中報告」の第四項に舟山守夫さんは次のように記している。

「今回、紀《ママ》念館は改築され、祈《ママ》念碑＝誓いの碑も建立された。その背景・根拠については、直接、国や省や市の関係者から聞かされていないから定かでないが、私たち東海労が、1997年からとりくんできたこの中国平和研修のたたかいが少なくともささやかな力となっていると理解してもそう大きくまちがってはいないだろうと私は思う。

とにもかくにも、虎石溝万人坑紀《ママ》念館の改築＝保存を決断した中国政府関係者に心より敬意を表します」。

虎石溝万人坑に新記念館竣工

大石橋の虎石溝万人坑の新しい記念館は二〇〇五年に竣工し、JR東海労中央本部が主催する第八回中国平和研修の一行は、既に竣工し開館している新記念館を、竣工の年と同じ二〇〇五年に訪れた。

従来の虎石溝万人坑記念館（本館）は、一四〇平方メートルの万人坑発掘現場を保存するだけのこじんまりした木造の建屋だった。しかし、鉄筋コンクリート製の新記念館は大幅に拡張され、当初から保存している一四〇平方メートルの万人坑発掘現場の隣に、その発掘現場と同じくらいの広さの平らなコンクリート張りの遺骨置き場が新設されている。そこに、張鳳嶺さんが長いあいだ大切に守ってきた犠牲者の遺骨が、一体ずつ元々の人の形に整えられ、夫々が碁盤目状にていねいに並べられている。一九九七年に関西地本の研修団が虎石溝万人坑記念館を初めて訪れたとき、青いビニールシートに覆われ記念館建屋の裏側に積み上げられていたあの遺骨だ。

記念館内に保存されている万人坑発掘現場の埋められた当時のままの遺骨と、記念館本館から少し離れたところで発掘・収集され新記念館に改めて並べ直され保管された犠牲者の遺骨は、日本による侵略下で民間企業である南満鉱業が大石橋マグネサイト鉱山で強行した苛烈で理不尽な強制労働の証拠であり、日本の侵略犯罪を告発し続けるだろう。

その、万人坑発掘現場と犠牲者の遺骨を保存している部屋には、大石橋市の上位に位置する行政組織である営口市の垂れ幕が掲げられている。さらに、万人坑発掘現場と犠牲者の遺骨の保存室が拡張されただけでなく、以前は無かった資料展示室が新しい記念館建屋の入口側に増設され、写真や解説板や遺品がていねいに展示されている。

また、一九九一年に作られ、本館建屋の入口の前に設置されていた「鉄証」碑は撤去され、新たに製作された「鉄証」碑が、新記念館の竣工に合わせて、記念館建屋の裏側の、敷地が少し高くなっているところに設置された。そこに、二〇〇四年に建立されたJR東海労の記念碑「誓いの碑」も移設され、二つの記念碑が並んで設置されていた。

JR東海労の研修団が初めて訪れる新記念館だが、新しい記念館の竣工を祝う特別な行事は行なわれず、いつもの通りに虎石溝万人坑記念館の訪問を終える。しかし、何はともあれ、虎石溝万人坑の新しい記念館は、博物館としての体裁を名実ともに備える立派な記念館になった。

記念館を訪れたあと、その日の夜に張鳳嶺さんらを囲んで懇親会を開くのは毎年の恒例だ。カイコ（昆虫食）が好きな張鳳嶺さんは酒は飲まないが、ＪＲ東海労の一行の来訪と懇親の席をいつも本当に喜んでくれる。

第九回（二〇〇六年）以降の中国平和研修

その後、ＪＲ東海労の中国平和研修は、二〇〇六年に第九回、二〇〇七年に第一〇回が中央本部の主催で実施され、第一〇回が、中央本部が主催する中国平和研修の区切りになる。

そのあと、二〇〇八年の第一一回は、日本郵政グループ労働組合（ＪＰ労組）が主催し中国平和研修が実施された。

そして、二〇〇九年の第一二回から中国平和研修は、ＪＲ東海労新幹線関西地本の組合員と家族らが参加して始めた時の原点に回帰し、ＪＲ東海労新幹線関西地本の主催に戻ることになる。しかし、残念なことに二〇〇九年は、虎石溝万人坑記念館に通じる道路が工事のため通行止めになり、バス等で記念館に行くことは物理的にできなくなった。そのため、第一二回中国平和研修では大石橋訪問を中止し、その代わりとして、遼寧省阜新市にある阜新炭鉱万人坑・阜新煤炭博物館（注12）（注13）を訪れた。

二〇一〇年は、一九九五年の新幹線関西地本結成から一五周年になるのを記念して、一三回目となる海外平和研修の行き先を、それまでは遠方であるため日程と費用の面から行けなかったポーランドに変更し、アウシュビッツなどを訪れる。そのため、大石橋訪問は二年続けて中止することになった。

二〇一一年は、関西地本が取り組む一四回目の海外平和研修の行き先を中国に戻し、一二回目の大石橋訪問を果たすことになる。

研修団が大石橋を訪れるときに張鳳嶺さんと最初に会うのは、この数回は、大石橋インターチェンジで高速道路を降りてすぐのところだ。二〇一一年も九月一日にいつものところで張鳳嶺さんとお連れ合いが待っていてくれ、そこで研修団のバスに二人が乗車する。そして、送迎の娘さんら家族は自家用車でバスの後をついて来て、いっしょに虎石溝の記念館に向かう。この時は、会う早々に張鳳嶺さんから東日本大震災のお悔やみを言われる。

それで、張鳳嶺さん夫妻といっしょに虎石溝万人坑記念館を訪れると、この数日降り続いた雨による大洪水で、記念館建屋内の万人坑発掘現場とその隣の遺骨置き場が水没している。二〇一一年九月一日のことだ。この頃の張鳳嶺さんは、大石橋市内にある自宅（アパート）で過ごしているので、記念館を毎日確認しているわけではない。そのため、洪水による水没に最初に気づくのが、日本からはるばる訪ねていった関西地本の研修団ということになってしまったのだ。記念館では、きちんとした管理や運営がなされていないのだ。

張鳳嶺さん（左）と舟山守夫さん
2011年に3年振りに再会する。

記念館が水没していることを関西地本の研修

団から大石橋市政府の担当者にさっそく伝え、至急水を抜くよう要請する。そして、その日の夜に、記念館の水抜き作業のために予定外のカンパを研修参加者から急遽集め、翌日にガイドの王永清さんに託し、大石橋市政府にカンパを届けてもらう。その後、大石橋市の担当者が現場に穴をあけ、記念館から水を抜いたようだ。

さて、この頃の張鳳嶺さんは病気闘病中であり、体調不良に苦しんでいて、一人で歩くのは少々困難な様子だ。虎石溝万人坑記念館を訪れたときも、半分は水没している遺骨を見ながら研修団の一行に万人坑の説明を少しだけしたあと、「あとは皆さんで見てください」と言って体を休める。かなり疲れている様子だ。張鳳嶺さんのお連れ合いも高血圧を患い、体調は万全ではなさそうだ。そして、二〇一一年の三年振りの大石橋訪問が、舟山守夫さんらが張鳳嶺さんと会う最後の機会になる。

第四章　注記

（注01）日中韓3国共同歴史編纂委員会編『新しい東アジアの近現代史』上・下、日本評論社、二〇一二年
（注02）（注01）上巻一九四頁
（注03）本多勝一著　①『中国の旅』朝日新聞社、一九七二年　②同名の文庫本、朝日新聞社、一九八一年　③『本多勝一集14——中国の旅』朝日新聞社、一九九五年
（注04）本多勝一著『中国の旅』文庫本、朝日新聞社、一九八一年、一四七頁
（注05）平頂山事件については次の資料などを参照

本多勝一著『中国の日本軍』創樹社、一九七二年、一三頁
石上正夫著『平頂山事件——消えた中国の村』青木書店、一九九一年
本多勝一著『本多勝一集第14巻——中国の旅』朝日新聞社、一九九五年、一一〇頁・三五六頁
傅波・肖景全編『罪行罪証罪責——日本侵略者制造平頂山惨案専題』遼寧民族出版社（中国–瀋陽）、二〇〇二年
高尾翠著『天皇の軍隊と平頂山事件』新日本出版社、二〇〇五年
傅波編『2005–2006平頂山惨案研究』吉林大学出版社（中国）、二〇〇六年
青木茂著『偽満州国に日本侵略の跡を訪ねる』日本僑報社、二〇〇七年、八七頁
平頂山事件訴訟弁護団編『平頂山事件とは何だったのか——裁判が紡いだ日本と中国の市民のきずな』高文研、二〇〇八年
井上久士・川上詩朗編『平頂山事件資料集』柏書房、二〇一二年
（注06）本多勝一・渡辺春己・星徹著『南京大虐殺歴史改竄派の敗北——李秀英名誉毀損裁判から未来へ』教育史料出版会、二〇〇三年
（注07）平頂山事件訴訟弁護団編『平頂山事件とは何だったのか——裁判が紡いだ日本と中国の市民のきずな』高文研、二〇〇八年
（注08）（注07）三三頁
（注09）青木茂著『偽満州国に日本侵略の跡を訪ねる』日本僑報社、二〇〇七年、八七頁
（注10）（注07）一六〇頁
（注11）（注07）一七〇頁
（注12）李秉剛著『万人坑を知る——日本が中国を侵略した史跡』東北大学出版社（中国–瀋陽）、二〇〇五年、七四頁

（注13）青木茂著『万人坑を訪ねる——満州国の万人坑と中国人強制連行』緑風出版、二〇一三年、五五頁

第五章　張鳳嶺さん　その二　ＪＲ東海労働組合の墓参と大石橋市人民政府交渉

張鳳嶺さん逝去

張鳳嶺さんは、公的な役職を持たない個人的な立場でありながら、大石橋にある虎石溝万人坑記念館の自称「館長」を長いあいだ務め、記念館の保全・存続と犠牲者の遺骨の安置・保全のためにほとんど一人で奮闘し、精魂を傾け続けてきた人だ。その張鳳嶺さんが二〇一二年三月一七日に逝去した。享年七五歳、悔やんでも悔やみきれない痛恨の死だ。虎石溝万人坑記念館の将来が心配でたまらない張鳳嶺さんにとっても、思い残すことの多い無念の死であっただろう。

張鳳嶺さんと長いあいだ親密に交流を続け、「虎石溝万人坑記念館を永遠に」と約束し、記念館の保全と存続に尽力してきたＪＲ東海労働組合新幹線関西地方本部（これ以降は、ＪＲ東海労あるいは関西地本などの略称も用いる）の人たちは、張鳳嶺さん逝去の知らせを受け茫然として立ち尽くす。しかし、墓参のためとりあえず訪中することだけは決める。

ところで、ＪＲ東海労関西地本の人たちは、それまでの張鳳嶺さんとの十数年におよぶ交流を通して大石橋の実情を知る中で、虎石溝万人坑記念館の維持管理が杜撰なため万人坑発掘現場や犠牲者の遺骨がボロボロになってしまうのではないか、さらに、記念館を管理している大石橋市人民政府が記念館の歴史的重要性をきちんと認識しておらず、記念館に関わる予算が極めて少ない情況が続く中でいずれ廃館にされてしまうのではないかと危機感を強めていた。そういう危機感を強めているところに突然に突き付けられたのが張鳳嶺さん逝去の報だ。

張鳳嶺さんの逝去により、虎石溝万人坑記念館の保全管理の問題にとどまらず、記念館の存続自体が危惧される事態になってしまったのだ。そのため、張鳳嶺さんの墓参で関西地本の人たちが大石橋を訪れる際に、記念館の今後について話し合う場を設定するよう、虎石溝万人坑記念館を管理している大石橋市人民政府に要請することも併せてＪＲ東海労関西地本の人たちは決定する。

この決定を受け、ＪＲ東海労関西地本の執行委員長である小林國博さんから、四月一〇日付の書面を大石橋市人民政府に届け会談を申し入れる。すると、ＪＲ東海労関西地本が虎石溝万人坑記念館の保全や維持に長年にわたり尽力していることを知っている大石橋市人民政府の幹部は、ＪＲ東海労の一行が張鳳嶺さんの墓参で大石橋を訪れる際に、虎石溝万人坑記念館の今後について話し合う場を設けることに同意する。さらに、記念館にいっしょに行き、両者が合同で現状を確認することも決定する。

こうして、張鳳嶺さんの墓参と大石橋市人民政府との話し合いを兼ね、五月末に訪中し大石橋を訪れることをＪＲ東海労関西地本は決める。

虎石溝万人坑の危機

さて、日本の侵略の実態をありのままに示す虎石溝万人坑記念館のような現場（史跡）は、日本の侵略・加害の歴史を無かったことにしたい歴史改竄主義者の荒唐無稽の妄言にいとも簡単にだまされる侵略の実態を知らない多数の日本人にとって、歴史の事実を学ぶことができる貴重な場であり重要な証拠である。その虎石溝万人坑記念館が存廃問題まで含め危機的な情況にあるという一報を、張鳳嶺さん逝去の報と併せて、ＪＲ東海労関西地本元執行委員長の舟山守夫さんから私が伝えられたのは二〇一二年の三月末のことだ。

しかし、私のように現地の事情に詳しくない者には、大石橋では虎石溝万人坑に新しい記念館が二〇〇五年に竣工し、いろいろなことが順調に進んでいるように見える。それなのに、ＪＲ東海労新幹線関西地本が、虎石溝万人坑記念館の存廃問題まで含めて危惧するのは何故なのかという疑問を感じる。そこで、関西地本の元執行委員長である舟山守夫さんに直接会い、虎石溝万人坑に関わる情況を教えてもらうことにした。

それで、虎石溝万人坑記念館が存亡の危機にあると舟山守夫さんが考える第一の理由は、記念館の元館長である張鳳嶺さんが三月一七日に亡くなったことだ。

舟山守夫さんらが十数年来関わり続けている虎石溝万人坑記念館は、二〇〇五年に新記念館が竣工した。しかし、その後は、維持管理の予算が削られ、記念館に常駐する係員はおらず、常時閉鎖されている。万人坑発掘現場と遺骨の保全や記念館施設の補修や管理はなおざりにされ、新しい建物は天井や壁が何カ所も剥がれ落ちているのに、そのまま放置されているということだ。

記念館のことを真剣に気にかける人は大石橋には張鳳嶺さんしかいないという情況が続き、存廃問題まで含めて危機感を強めていた張鳳嶺さんは、「今でも私が館長だ」といつも訴えていた。その張鳳嶺さんもこの数年は体調を崩し入院と自宅での療養を繰り返す厳しい情況が続いていたが、虎石溝万人坑記念館にとってかけがえのない存在であり続けていた。その張鳳嶺さんが亡くなったのだ。

虎石溝万人坑記念館が存亡の危機にあると舟山守夫さんが考える第二の理由は、記念館の周囲の情況の変化だ。

記念館の周囲にかつては樹林や草原が広がっていた。しかし、今では、露天掘りのマグネサイト鉱山である周辺の山々に囲まれる盆地の中にある記念館の周囲は、工場など鉱山関連の施設でびっしりと埋め尽くされ、白っぽい鉱山関連施設のただ中に黒い異質の物（記念館）が一つだけポツンと取り残されているというような感じだ。そして、マグネサイト鉱山から出るズリ（瓦礫）の山が記念館の敷地にせまり、ズリの一部は記念館の外壁を越え記念館の構内にまで流れ込んできている。

大石橋は、世界でも有数のマグネサイトの産地であり、採鉱などに関わる企業の多くはアメリカや日本などとの合弁企業だ。そのため、経済活動（金儲け）のじゃまになる虎石溝万人坑記念館は、経済が最優先という現在の中国の時流に押されつぶされてしまうのではないかと舟山守夫さんは危惧しているのだ。

さらに、直近の事件として憂慮されるのは、二〇一一年九月一日にＪＲ東海労関西地本の中国平和研修団が十何回目かの訪問をしたとき、大石橋は豪雨に見舞われていて、記念館建屋内の万人坑発掘現場と犠牲者の遺骨が大洪水で水没していたことだ。この水没の事態に最初に気付くのが、日本からはるばる訪ねていった舟山守夫さんたちであり、とにかく早く記念館から水を抜けと大石橋市政府の担当者に直談判し、緊急の排水工事のためにカンパ金を渡してきたとのことだ。

虎石溝万人坑に関わるこういう厳しい情況を踏まえ、ＪＲ東海労関西地本の人たちは、張鳳嶺元館長の墓参りのため五月末に大石橋を訪れる際に、大石橋市人民政府の責任者や担当者に会い、虎石溝万人坑の現状を問いただし、虎石溝万人坑記念館を永遠に保存することと維持管理の改善を申し入れることにしたのだ。記念館の管理や補修と存続について話し合う場を設け、さらに、記念館を合同で視察したいという関西地本からの申し入れを大石橋市人民政府が受け入れ、人民政府の責任者と関西地本訪中団が会談することで合意していることは前節で既に記したことだ。

さて、一方で私も、中国本土における強制連行・強制労働と万人坑に関心を持ち、張鳳嶺さんとも交流があり個人的にお世話になっている。それで、ＪＲ東海労関西地本の今回の訪中団（墓参団）に参加させてもらい、いっしょに大石橋を訪ねることにした。

ＪＲ東海労関西地本訪中団の弔問

小林國博執行委員長を団長とするＪＲ東海労働組合新幹線関西地方本部の張鳳嶺さん墓参訪中団には、小林國博委員長・舟山守夫元委員長をはじめとする関西地本関係者ら八名が参加する。そこに、個人参加の私と、随行員兼通訳として東麗ツーリスト（旅行会社）の中平永華さんが加わり、総勢一〇名の訪中団になる。

大石橋市人民政府への事前申し入れと会談の調整などを済ませた関西地本墓参訪中団は、二〇一二年五月二九日午前一〇時発の全日空機で関西空港を飛び立ち、中国遼寧省の大連空港に一一時（これ以降は中国時間）過ぎに到着する。

大連空港では、瀋陽在住の王永清《おうえいせい》さんと北京在住の張燕平《ちょうえんぺい》さんが訪中団を迎えてくれる。関西地本が中国平和研修で十数年来世話になっている気心の知れたガイドさんで、二人とも日本語が堪能だ。

訪中団が乗り込んだ大型観光バスは一一時五〇分に大連空港を出発し、高速道路を利用し約三時間の予定で大石橋に向かう。そして、午後二時半過ぎに大石橋インターチェンジで高速道路を降り、関西地本研修団が張鳳嶺さんとこれまでいつも待ち合わせてきた、インターチェンジを出てすぐのところで、張鳳嶺さんのお連れ合いの孫玉珍《そんぎょくちん》さんと、孫玉珍さんに付き添うお孫さんの出迎えを受ける。孫玉珍さんは満七〇歳になるが、とても元気なようすだ。

訪中団のバスに二人が乗り、張鳳嶺さんの娘さん一家と孫玉珍さんが住んでいる大石橋市南楼開発区の東市社区に向かう。その途中に、高さ制限のため大型観光バスが通行できない橋があり、迂回路を大回りし、午後三時に東市社区に到着する。中国の社区というのは、一つのまとまった団地や住宅街のことを指し、日本の町内のようなものだ。それで、孫玉珍さんが暮らす東市社区は、六階建てくらいのアパートがたくさん建ち並ぶかなり大きな団地だ。

東市社区内にある一棟のアパートの前でバスを降り、張鳳嶺さんの娘さん一家と孫玉珍さんが住んでいる住居に案内される。その、娘さん家族の住居は、下の階と上の階に部屋がある。そのうち、下の階の面積は一二〇平方メートルほどで、広い居間と食堂と台所の他に居室（寝室）が三部屋あり、日本式に言うと３ＬＤＫの間取りだ。上の階にも、九〇平方メートルほどの居室などがある。部屋の内装には全部で二〇万元かけたとのことだ。

弔問
孫玉珍さん（右）と娘さん（中）に小林國博さんが御悔やみを述べる。

さて、今回は張鳳嶺さんの弔問に訪れたということで、最初に、墓参団の団長でＪＲ東海労関西地本委員長の小林國博さんが、孫玉珍さんと娘さんら家族に、御悔やみと張鳳嶺さんとの思い出を述べ、弔問者を代表して関西地本からの記念品を手渡す。そのあと、墓参団の夫々が順々に御悔やみを述べ、夫々の張鳳嶺さんへの想いを話し、思い出の品や記念品などを夫々が手渡す。

私も最後に御悔やみを述べ、張鳳嶺さんとの交流の記録と写真を収録している著書『偽満州国に日本侵略の跡を訪ねる』(注01)や、張鳳嶺さんの思い出の写真を整理した小型の写真帳などを孫玉珍さんに手渡す。

墓参団（弔問団）の夫々が御悔やみを述べ弔意を伝えたあとは、堅苦しい礼儀を脇に置き歓談になる。関西地本の人たちは、張鳳嶺さんだけでなく孫玉珍さんとの付き合いも長いので、いろいろな思い出話がたくさんあるのだろう。ゆったりとした広い居間でくつろぎながら張鳳嶺さんを偲び、なつかしい思い出話に花が咲く。

こうして、張鳳嶺さんの娘さん宅で弔問を終えたあと、この日の宿舎となる、大石橋市街にある大石橋賓館（ホテル）に移動する。ホテルの近くの大石橋市街にある市場には、野菜や肉など新鮮な食材を道路上にもいっぱいに並べる露店や小さな商店が並び、夕食の食材を買い求める人たちでにぎわっている。

さて、この日の夕食の会場に、虎石溝万人坑記念館の館長を兼務する金牛山遺跡博物館館長の高飛《こうひ》さんが駆けつけてくれ、訪中初日の夕餉の宴に同席してくれる。高飛さんとは、翌日に、大石橋市人民政府の他の幹部の方々といっしょに会談し、そのあと虎石溝万人坑記念館に同行してもらい、万人坑と遺骨の現状を現場で確認しながら記念館の今後について話し合う予定でいる。

大石橋市人民政府との会談

訪中二日目の五月三〇日は、午前八時三〇分から大石橋賓館の会議室で、大石橋市人民政府とＪＲ東海労関西地本の話し合いを行なう。

大石橋市人民政府から出席するのは、陳麗坤《ちんれいこん》副市長と、文化広電局の栾守壮《らんしゅそう》局長と王国橋《おうこくきょう》副局長、虎石溝万人坑記念館の館長を兼務する金牛山遺跡博物館の高飛《こうひ》館長の四名だ。

陳麗坤副市長は、大石橋市に数名いる副市長の一人で、教育行政の責任者を務めている。そして、六月一日の端午節（子どもの日）と、六月初旬に実施される全国大学入学試験を間近に控え陳麗坤副市長は多忙を極めているので、ＪＲ東海労の訪中団には申し訳ないが、この日の会談を朝早い時刻に短時間で設定したとのことだ。

話し合いの冒頭で小林國博委員長が、今回の大石橋訪問の趣旨を説明し、虎石溝万人坑記念館の存続と保全管理の改善を申し入れる。そして、記念館の維持管理の費用に充ててほしいとして、ＪＲ東海労の組合員から寄せられた寄付金を陳麗坤副市長に手渡す。

小林國博委員長の申し入れを受け、陳麗坤副市長が次のように話す。

今回のＪＲ東海労の大石橋訪問と今日の会談のことは市長に報告し相談もしている。しかし、市長は出張で瀋陽にどうしても行かなければならないため、今日の会談には出席できない。それで、私（陳麗坤副市長）が市長の代理を務めしっかり対応する。

ＪＲ東海労の皆さんは十数回も大石橋を訪ねて来てくれている。その目的は、平和を守り二度と戦争をしないよう中国と日本の信頼関係を深めることであり、私たち中国人民の目指すものと同じだ。ＪＲ東海労の皆さんが虎石溝万人坑記念館にいつも来てくれ支援してくれることに感謝している。

それで、大石橋市人民政府は、遼寧省の愛国教育基地として虎石溝万人坑記念館を更に充実させることを決定した。そのため、施設を追加するなど新たな企画を考えている。この新たな企画を一年か二年以内に完成させるように頑張り、愛国教育の教材として利用できるようにする。ＪＲ東海労からいただいた寄付金は、この新たな施設の建設に使わせてもらい、多くの人々に成果が分かるようにする。

最後に、今回の来訪の第一の目的は張鳳嶺前館長の墓参ということだが、それはそれとして大石橋の旅はしっかりと楽しんでくださいと述べ、陳麗坤副市長は話を終える。

この日の会談は三〇分ほどの短いものだった。しかし、新たな施設を企画検討するなど陳麗坤副市長はた

小林國博さん（左）と陳麗坤副市長（中）と栾守壮局長
会談終了後の記念撮影

いへんに前向きで、人民政府内で既に行動を起こし積極的に対応してくれていた。虎石溝万人坑記念館の存廃問題の最初のところから議論しなければならないと危機感を抱いて会談に臨んだ小林國博委員長ら関西地本の人たちには、ちょっと意外な、しかし、とても嬉しい前向きな話になった。

大石橋市人民政府とJR東海労の会談の区切りがついたところで、私の方から個人的に、大石橋市人民政府への要望書と、私の虎石溝万人坑訪問記を収録している著書『偽満州国に日本侵略の跡を訪ねる』(注01) などを陳麗坤副市長に手渡す。

その後で、陳麗坤副市長と小林國博委員長を中心にして出席者全員が並んで記念写真を写し、大石橋市人民政府との会談を終える。

（参考）私が陳麗坤副市長に手渡した大石橋市人民政府宛ての要請書を以下に掲載しておく。中平永華さんに事前に翻訳してもらった要請書の中国語版を、日本語の要望書と併せて手渡している。

大石橋市人民政府　関係各位
大石橋市虎石溝万人坑記念館に関わるお願い

日本の国鉄《ママ》東海労働組合の皆さんから、保全管理から存亡問題まで含めて大石橋虎石溝万人坑は危機的な情況にあると聞いています。そこで、大石橋万人坑に日本で関わりを持つ一人として、大石橋万人坑や虎石溝記念館の存続および保全管理の改善をお願いするしだいです。

1．日本の危険な情況と侵略加害現場の重要性

名古屋市長・河村たかし（隆之）の南京大虐殺否定、あるいは東京都知事・石原慎太郎の尖閣諸島（中国名・釣魚島）問題など、平和と日中友好を危うくする発言や行動が最近も日本で発生しています。そして、中国の皆さんに多大な心配と迷惑をかけています。

これらは、単発あるいは偶発の事件ではありません。日本の首相・閣僚・有力政治家が、日本が犯した侵略犯罪を否定し靖国神社参拝を繰り返すことなどは頻繁に繰り返されています。歴史改竄主義者の彼らは、侵略加害の歴史事実を否定し、侵略できる国に日本を再び変えようとしているのです。このまま放置すれば、平和と日中友好を彼らは危うくするでしょう。

しかし、問題の本質が彼ら自身にあるのではありません。そうではなく、問題の本質は、少なからぬ

日本国民が彼らを支持していることにあります。そして、少なからぬ日本国民が彼らを支持する背景に、侵略の事実を日本国民が知らないということがあります。

そのため、日本による侵略犯罪の実態を日本国民に理解させることが必要になります。そして、河村や石原などの歴史改竄主義者のでたらめな嘘に容易にだまされる日本国民に事実を理解させるには、歴史の事実である侵略加害の証拠を示し、事実で教えることが重要です。その時、大石橋万人坑など日本による侵略犯罪の現場は歴史の証拠としてとても重要になります。

2．大石橋万人坑が平和と日中友好に果たす役割

ジャーナリストの本多勝一さんは1971年に中国に行き、日本の侵略加害の現場（中国にとっては侵略被害の現場）を訪ね、約40日間にわたり侵略当時の状況を取材しました。そして、朝日新聞や複数の週刊誌で取材結果を報道し、1972年には単行本『中国の旅』を発行しました。これらの一連の報道の中に、侵略加害の重要な事例として大石橋万人坑の紹介が含まれています。

今から40年ほど前のこの一連の報道は、日本による侵略加害の実態をまだ知らなかった当時の多数の日本国民に、侵略の実態を初めて教えました。そして、当時の日本社会に深刻な影響を与え、日本の右傾化や軍事大国化や再侵略への道を押しとどめる大きな力になりました。

私自身は2001年に初めて大石橋を訪ね、写真や文章では既に知っていた虎石溝万人坑に改めて衝撃を受けました。百聞は一見にしかずと言いますが、現場で本物を見ることの重要性は強調しておかねばなりません。そして私は、単行本『偽満州国に日本侵略の跡を訪ねる』を2007年に発行し、その

郵 便 は が き

料金受取人払郵便

神田局
承認

5723

差出有効期間
2021年12月
31日まで

101－8791

507

東京都千代田区西神田
2-5-11出版輸送ビル2F

㈱ 花 伝 社 行

お名前《ふりがな》 お電話
ご住所（〒　　　　　　　　） （送り先）

◎新しい読者をご紹介ください。

お名前《ふりがな》 お電話
ご住所（〒　　　　　　　　） （送り先）

愛読者カード

このたびは小社の本をお買い上げ頂き、ありがとうございます。今後の企画の参考とさせて頂きますのでお手数ですが、ご記入の上お送り下さい。

書名

本書についてのご感想をお聞かせ下さい。また、今後の出版物についてのご意見などを、お寄せ下さい。

◎購読注文書◎

ご注文日　　年　　月　　日

書　名	冊　数

代金は本の発送の際、振替用紙を同封いたしますので、それでお支払い下さい。
（２冊以上送料無料）

なおご注文は　FAX　03-3239-8272　または
メール　info@kadensha.net
でも受け付けております。

書評・記事掲載情報

◉ 読売新聞　書評掲載　2020 年 9 月 20 日

「わたしはフリーダ・カーロ――絵でたどるその人生」　マリア・ヘッセ 作・宇野和美 訳

その女性はくりっとした目でこちらを見つめている。寂しげで力強いまなざしが何かを訴えているようだ。メキシコの画家フリーダ・カーロが描く自画像は独特のオーラをまとう。本書はイラストと文章で語る彼女の評伝である。

＜中略＞　本書のイラストレーターはフリーダの作品にアレンジを加えて、一代記の各場面を彩るイラストに変えた。他方、評伝作者はフリーダの手紙や日記からひんぱんに引用して、波瀾に富んだ人生を本人のことばで語らせる。

「悲しみを消そうと酒におぼれたけれど、不幸な女たちは泳ぐことを覚えた」とフリーダは書く。彼女は生涯に 30 回以上の手術に耐えた。ついに壊疽になった右足を切断したときには、「飛ぶための翼があるなら、どうして脚などいるでしょう!」と日記に記している。

死をつねに見つめながら、生きる希望を失わない彼女の魂に驚愕し、息を詰めてページをめくる。そのまなざしとことばは最期まで、繊細で剛胆な魅力を放っている。

（評・栩木伸明氏・アイルランド文学者 / 早稲田大教授）

◉ 北海道新聞　書評掲載　「あの本、この本」欄　2020 年 10 月 3 日

「リッチな人々」 ミシェル・パンソン、モニク・パンソン＝シャルロ 原案　マリオン・モンテーニュ
川野英二、川野久美子 訳

＜前略＞ある中流家庭がふとしたことで大富豪になる。物語には当の社会学者2人も登場し、リッチな人たちの生態が明らかにされていく。意外にもリッチな人たちは忙しい。そして連帯の意識が強い。また、富裕層になるにはお金があるだけではなく、必要な条件があることもわかる。やがて気がつくのは富の固定化。それは裏を返せば貧困の固定化でもある。富裕層を知ることは、貧困がなぜなくならないかを知ることに直結している。

社会学者の「能力主義は忘れて。でたらめだから」の一言は、生まれた瞬間に引かれる線を想起させる。しかしあきらめないで、方法はあると説く。＜後略＞

（book cafe　火星の庭＝仙台市　前野久美子氏）

花伝社ご案内

〒101-0065　東京都千代田区西神田2-5-11 出版輸送ビル2F
電話　03-3263-3813　FAX　03-3239-8272
E-mail　info@kadensha.net　ホームページ　http://www.kadensha.net

リッチな人々

ミシェル・パンソン、
モニク・パンソン=シャルロ 原案
マリオン・モンテーニュ 作
川野英二、川野久美子 訳
1800円+税　A5判並製
ISBN978-4-7634-0934-8

あっちは金持ちこっちは貧乏、なんで? フランスの社会学者夫妻による、ブルデュー社会学バンドデシネ
岸政彦氏(社会学者)推薦!

わたしはフリーダ・カーロ

絵でたどるその人生

マリア・ヘッセ 作　宇野和美 訳
1800円+税　A5判並製
ISBN978-4-7634-0926-3

「絵の中にこそ、真のフリーダがいる
フリーダ・カーロの魅力と魔力

作品と日記をもとに、20 世紀を代表
る画家に迫った スペイン発グラフィッ
ベルのベストセラー。

未来のアラブ人

中東の子ども時代(1978—1984)

リアド・サトゥフ 作　鵜野孝紀 訳
1800円+税　A5判並製
ISBN978-4-7634-0894-5

第23回メディア芸術祭マンガ部門優秀賞受賞作

シリア人の大学教員の父、フランス人の母のあいだに生まれた作家の自伝的コミック。

未来のアラブ人2

中東の子ども時代(1984—1985)

リアド・サトゥフ 作　鵜野孝紀 訳
1800円+税　A5判並製
ISBN978-4-7634-0921-8

シリアの小学校に入学した金髪の6
を待ち受けるものは…待望の第2巻

イスラム世界の厳しさに気づいてい
——ハーフィズ・アル=アサド独裁下
シリアで生きる小学1年生の記録。

コロナ時代の世界地図

激変する覇権構造と進む多極化

田中 宇 著
900円+税　四六判変形並製
ISBN978-4-7634-0937-9

ついに軍産支配の終焉か?

“ 隠れ多極主義者 ” トランプが描く、米国覇権放棄のシナリオ。そして、対米従属から対中従属に向かう日本。コロナ時代に突入した世界は、こう変わる!

コロナ後の世界は中国一強

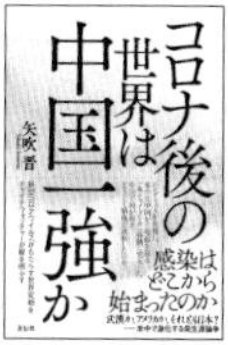

矢吹晋 著
1500円+税　四六判並製
ISBN978-4-7634-0933-5

感染はどこから始まったのか。米中
激化する発生源論争。

パンデミックを契機に、米中は中国
主導権を握る「新チャイメリカ」体制
突入した。中国で何が起き、どうし
覇権が逆転したのか。

学校と教師を壊す「働き方改革」

学校に変形労働時間制はいらない

大貫耕一 編著
1000円+税　A5判ブックレット
ISBN978-4-7634-0941-6

学校崩壊を防ぐために、いまできること　教員不足と多忙化で疲弊する教育現場 。現実を踏まえない「働き方改革」=1年単位の変形労働時間制導入の問題点とは。

弁護士になりたいあなたへ III

青年法律家協会弁護士学者
合同部会 編
1500円+税　四六判並製
ISBN978-4-7634-0936-2

「人権の砦」として法廷でたたかう

大変だけどやりがい十分、等身大
の言葉で語る人権弁護士たちのメ
ッセージ。
さぁ、あなたも一歩を踏み出そう!

図書出版 **花伝社**

——自由な発想で同時代をとらえる——

新刊案内　2020年秋号

安倍政権時代

空疎な7年8カ月

高野 孟 著

1500円+税　四六判並製
ISBN978-4-7634-0942-3

安倍政権とは何であったか——歴代最長の政権は、史上最悪の政権ではなかったのか？

数々の疑惑を解明しないまま突如辞任した内閣総理大臣・安倍晋三。21 世紀の衰退する大国に現れた彼は、「亡国の総理」としてその名を歴史に刻むのか——安倍政権を見つめ直す同時進行ドキュメント。

パンデミックの政治学

「日本モデル」の失敗

加藤哲郎 著

1700円+税　四六判並製
ISBN978-4-7634-0943-0

新型コロナ第一波対策に見る日本政治——自助・自己責任論の破綻

なぜ PCR 検査を受けられないのか。経産省主導の官邸官僚政治、アベノマスクの真相、WHO をめぐる国際的な情報戦…… 2009 年メキシコで新型インフルエンザ流行を体験した政治学者は、2020 年日本の新型コロナ対策に 731 部隊の亡霊を見た。

コバニ・コーリング

ゼロカルカーレ 作
栗原俊秀 訳

1800円+税　A5判並製
ISBN978-4-7634-0938-6

戦争とは？

イタリア人漫画家は、対イスラム国（IS）防御の砦となったシリア北部・クルドの町で何を見たのか。イタリア人気 No.1 漫画家による 12 万部超えのルポルタージュコミック、ついに日本上陸！

「心に自由と人間らしさを持っているなら、男だろうが女だろうが、コバニに駆けつけるべきなんだよ。」

介護離職はしなくてもよい

「突然の親の介護」にあわてないための考え方・知識・実践

濱田孝一 著

1500円+税　四六判並製
ISBN978-4-7634-0944-7

その時、家族がすべきことは何か？

「親の介護に直面した時にすべきこと」「介護休業中は介護してはいけない」「在宅生活か高齢者住宅か」——介護休業の取り方と使い方、介護施設の選び方まで、現場と制度を知り尽くした介護のプロフェッショナルがやさしく指南。介護離職しない・させない社会へ——

中で大石橋万人坑を紹介しました。この本は、少なからぬ日本国民に侵略の実態を理解させ、反戦平和と日中友好に多少なりとも寄与できたと思っています。

このように大石橋万人坑は、日本による侵略犯罪の事実を日本国民に認識させ、日本の右傾化や軍事大国化を阻止する一定の力になっていると思います。

3．大石橋万人坑の存続と保全管理の改善を要望する

歴史を否定し日本国民をでたらめな嘘であざむく首相・閣僚・有力政治家が力を持ちえるのは、事実を知らされていない多くの日本国民が彼らを支持しているからです。しかし、日本国民が事実を知れば正しい判断を行ない、平和と日中友好の道を日本が歩むための大きな力となるでしょう。そして、事実としての侵略の実態を日本国民に理解させるのに、大石橋万人坑のような侵略加害の証拠は極めて重要です。

ここに、虎石溝記念館など大石橋万人坑に関わる史跡の存続と保全管理の改善・徹底を、大石橋市人民政府と関係各位に改めてお願いするしだいです。各位の御理解と御尽力をよろしくお願いします。

青木茂
撫順の奇蹟を受け継ぐ会・会員
2012年5月30日

虎石溝万人坑記念館の現状確認

陳麗坤《ちんれいこん》副市長との会談を終えたあと、関西地本訪中団と大石橋市人民政府の一行は、九時過ぎに大石橋賓館（ホテル）を出発し虎石溝万人坑記念館に向かう。大石橋市人民政府からは、文化広電局の欒守壮《らんしゅそう》局長と王国橋《おうこくきょう》副局長、虎石溝万人坑記念館の高飛《こうひ》館長が同行してくれる。

大石橋市街から虎石溝に向かうバス車中で文化広電局の欒守壮局長から次のように説明を受ける。

「私（欒守壮局長）が文化広電局に着任したのは半年前だが、虎石溝万人坑記念館が二〇一一年に豪雨のため水没したことは知っている。虎石溝万人坑記念館を管轄している地元の行政区の責任者を連れて記念館に行き、陳麗坤副市長といっしょに状況を確認してきた。地元の行政区には、排水のための下水道工事をきちんとするよう大石橋市から改めて指示を出す。その際に、文化広電局は記念館を管理しているが、下水道工事は管轄が異なるため指示を出せないので、陳麗坤副市長から指示を出してもらう」。

虎石溝万人坑記念館の館長を兼務する金牛山遺跡博物館の高飛館長は次のように話す。

「私（高飛館長）が館長を務めている金牛山遺跡博物館は、二〇万年前の古人類を研究対象とする博物館であり、全国重点文物保護単位に指定されていて文化広電局が直接管理している。虎石溝万人坑記念館は代理で管理しているが、本格的に関わるようになってからまだ日が浅い。文化広電局は、虎石溝万人坑の地元の行政区を動かすことはできないので、指示を出せる陳麗坤副市長に今日の打ち合わせに出席してもらうことができてよかった」。

さて、大石橋の市街地を離れマグネサイト鉱山地帯に入ると、周辺の情況が一変する。周囲を山に囲まれる盆地状の地にある鉱山地帯では、マグネサイト関連の工場と鉱石やズリ（ボタ・廃石）の山が一帯を埋め尽くしている。その工場地帯を取り巻く周囲の山々は山自体がマグネサイト鉱石であり、露天掘りというか山そのものを削り取って採鉱しているので、人工的な幾何学形状に山々が削られている。そして、マグネサイト鉱石の灰とズリの粉塵が積もり、この辺り全体が白っぽくなっている。

ＪＲ東海労関西地本訪中団と大石橋市人民政府の一行を乗せた大型観光バスはホテルから十数分で虎石溝万人坑記念館に到着し、小林國博委員長ら関西地本の人たちは欒守壮文化広電局長らといっしょに記念館の情況を確認する。すると、昨年（二〇一一年）九月に関西地本の中国平和研修団が訪れたときはボロボロだった記念館の建物や展示物や万人坑発掘現場が見違えるようにキレイになっている。その情況を順に見てゆこう。

洪水で水没した万人坑発掘現場の遺骨と、その隣の遺骨置き場に並べられている遺骨には防腐処置がしっかりと実施されているようで、少し茶色がかった黒っぽい色になっている。

発掘現場にある特徴的な遺骨（遺骨群）のうち六柱（組）には、一番から六番までの番号が付けられ、中国語と日本語を併記する解説板が掲示されている。この解説板などは、昨年九月の関西地本の訪問時には既に設置されていたということだ。その六柱（組）の遺骨（遺骨群）の解説文を順に確認しておこう。

一―きれいに揃っている歯（歯並び）は、犠牲者が青壮年であったことを示している。

二―針金で縛られている遺骨は、被害者が針金で縛られたあとで生き埋めにされた惨状を示している。被害者の身体に突き通された針金もある。

虎石溝万人坑記念館
2011年の、人の胸の高さまで達する浸水の跡が壁面に残っている。

三-左手で頭をかかえ右手で身体を支えている遺骨は、生き埋めにされた被害者が力の限りを尽くし必死になって逃れようとする悲愴な情況を示している。

四-手で顔を覆っている遺骨は、死に直面した被害者が、必死になって生きようとしている情況を留めている。

五-穴が開いている頭蓋骨。この人は、日本人の職人頭に、先の尖った杖で頭を突かれたあと、残忍に生き埋めにされた犠牲者である。

六-横一列に並ぶ一一柱の遺骨。この一一名の犠牲者は、当時の営口《インコウ》第二監獄で反日闘争を続けた抗日志士であり、日本の侵略者により集団虐殺された。

これらの遺骨が保存されている館内に、以前は、薄汚れた古い花輪が長いあいだ置かれたままになっていた。しかし、古い花輪は、真新しいきれいな花輪に取り換えられている。また、壁面の窓に新しい日除けが付けられている。

館内の白い壁面には、一年前の洪水で浸水したときの水面の跡がわずかに残っている。王永清さんが指し示し教えてくれる浸水の跡は、王永清さんの胸の高さくらいの位置にある。二〇一一年の洪水で、万人坑発掘現場は一メートル以上の高さまで水没したのだ。

万人坑発掘現場の手前側にある資料展示室も、建屋の天井や壁も含め整備や補修がキレイになされているようだ。展示用のガラスケースの中に、関西地本が寄贈した檄布（張鳳嶺さんを激励するための短冊状の布）や別の寄せ書きが、遺品などと共に収納され展示されている。そのガラスケースの中に、私の著書『偽満州国に日本侵略の跡を訪ねる』(注01)も並べられているのは、個人的に嬉しいことだ。

二〇〇四年に建立されたＪＲ東海労働組合の記念碑「誓いの碑」が新記念館の建屋の裏側（奥）に移され、二〇〇五年に新たに製作された「鉄証」碑と並んで設置されているということなので、記念館建屋内を確認したあと、記念館の裏側（奥）に回り見に行く。記念館の敷地は奥の方が少し高くなっていて、数段の階段を上ったその先に三基の記念碑が設置されている。大きな「鉄証」碑の手前側に、ＪＲ東海労働組合の「誓いの碑」と、別の小さい記念碑が並ぶという配置だ。

記念碑が設置されているところは敷地が少し高くなっているので、記念館の敷地の外周を取り囲むコンクリートの壁の外に広がる大石橋マグネサイト鉱山関連の工場地帯のようすがよく見える。

記念館の周囲には、鉱山関係の工場などがびっしりと建ち並び、工場地帯になっている盆地（平地）を白っぽい山々が取り巻いている。その周囲の山々が、既に説明したようにマグネサイト鉱石そのものでできているので、まさに露天掘りの状況で人工的に削り取られ幾何学的な形状になっている。そして、マグネサイト鉱山のただ中にあるこの一帯は、鉱石の粉塵をびっしりとかぶり白く染められている。虎石溝万人坑記念館も例外ではなく、建屋の外側は、屋根も窓も敷地も鉱石の灰で覆われ白くなっている。

記念館の本館建屋を左回りに一周して、正面入口側の前庭に出る。それで、記念館の敷地は、高さ二メートル以上あるコンクリート製の強固な壁で外周を囲まれている。そして、記念館のすぐ横に隣接している工場の敷地には、マグネサイト鉱石を選鉱した後に残るズリ（ボタ・廃石）を積み上げた、高さ一〇メートルくらいの山がある。そのズリの山が記念館のコンクリート製の外壁を越えていて、流れ落ちてきたかなりの量のズリが記念館の前庭に積もっている。この状態を放置というか放任している大石橋市あるいは記念館の態度は理解に苦しむ。当事者意識が欠落していると言わざるを得ないのではないかと思う。

少なくとも一九九〇年代の末頃までは、記念館の周辺は、建屋など人工の構造物がない丘陵あるいは草原だった。しかし、今では、マグネサイト鉱山関連の工場や施設や道路などで記念館の周辺は埋め尽くされてしまっている。記念館の周囲に広がっていた虎石溝万人坑は、マグネサイト関連企業の経済活動（金儲け）のための工場建設などで破壊され、記念館の敷地以外は万人坑という貴重な史跡が失なわれてしまっているのだ。もう元には戻らないだろう。今さら悔やんでも遅いが、記念館の一画だけは何があっても守り抜き保存されるべきだ。

虎石溝万人坑記念館の見学というか「視察」というのか、大石橋市文化広電局の栾守壮局長らとの合同の確認を終えたあと、記念館の入口の前に全員が並んで記念写真を撮影する。そこから見えるのは、記念館の敷地の隣にある、高さ一〇メートルくらいはあろうかというズリの山（炭鉱のボタ山に相当する）から、記念館の外壁を越えて構内にズリ（瓦礫）が流れ込んでいる光景だ。大石橋市当局は毅然とした態度で対処してもらいたい。

（それから五年後の二〇一七年八月に虎石溝万人坑記念館を訪れたときは、ズリの山は撤去され、自然の丘陵に近い以前の状態に戻されていた。また、記念館正門の脇にある黒い大きな銘板の表記は、「大石橋市虎石溝万人坑記念館」から「忘れてはならない記念」に変更されていた。）

ともあれ、関西地本の訴えが大石橋市の市長や副市長に事前に届き、関西地本墓参訪中団が大石橋を訪れる前に、文化広電局以下の管理部門と現場をあずかる地元の行政区の対応が一変していたようだ。こうなると、虎石溝万人坑記念館の廃止・消滅という事態はもう心配しなくてもよいのかなという感じだ。

張鳳嶺さんの故郷へ

大石橋市文化広電局の欒守壮局長らと合同で実施した虎石溝万人坑記念館の確認を終え、関西地本墓参団は午前九時四五分に記念館を出発する。そして、記念館の近くにある大きな工場に裏門から入場して広い構内を通り抜け、万人坑記念館を出てから一〇分ほどで工場の正門に到着する。そこで待ち合わせた、張鳳嶺さんのお連れ合いの孫玉珍さんと娘さんが関西地本墓参団のバスに乗車し、張鳳嶺さんの故郷である大連市瓦房店にいっしょに向かう。

一〇時二〇分に営口インターチェンジに着き、ここまで同行してくれた文化広電局の欒守壮局長らと別れ、関西地本墓参団が乗り込む大型観光バスは高速道路に入る。営口から大連に向かう高速道路は片側四車線の壮大なもので、中国のめざましい経済発展を如実に示している。

一一時四〇分に老虎屯インターチェンジで高速道路を降り、それから二〇分ほどは、片側二車線の快適な一般道路を走る。そして、三台満族郷人民政府の庁舎を一二時頃に通過したあと、すぐに左折し細い地方道に入る。満州族の人たちが多く住む地域に既に入っているということだ。この辺りは農村地帯であり、トウモロコシ畑やジャガイモ畑やネギなど葉物の野菜畑が広がる。そういう中を、途中で地元の人に二回ほど道を訪ねながら先に進む。さらに細くなる道路の途中に、水の流れに浸かりながら川を渡るところもある。

そうこうするうちに、一二時二〇分くらいにバスが停車する。その先の細い道に大型バスが右折して進むのは難しいということなので、そこでバスを降り、気にならない程度の小雨がぱらつく中を、張鳳嶺さんの故郷の村に歩いて向かう。墓参団の行く先は、張鳳嶺さんの五番目の弟になる張鳳亭《ちょうほうてい》さんの住まいだが、高齢の孫玉珍さんには張鳳亭さんが自家用の乗用車で迎えに来てくれる。

さて、この辺りは、赤土の大地が広がる農村地帯であり、道路も崖も赤色で、レンガ造りの建屋の壁も赤い。細い道路をたまに通る自動車の中に、日本では数十年前に姿を消した三輪自動車（日本ではオート三輪と呼ばれていた）が目立つ。

アヒルの群れがたわむれる小川を渡り、野菜などが豊かに育つ畑の脇を通りながら歩みを進め、午後一時頃に、大連市瓦房店三台郷石磊《せきらい》村大房身屯にある張鳳亭《ちょうほうてい》さんの住まいに到着する。

張鳳嶺さんの墓参

大石橋から大連の石磊村大房身屯にやってきた関西地本の墓参団一行を、張鳳嶺さんの五番目の弟になる張鳳亭さんとお連れ合いの鄒仕艶《すうしえん》さんと家族の方々が迎えてくれる。そして、家族の方に案内してもらい、張鳳嶺さんのお墓にさっそく向かう。中国では、墓参りは午前中に済ませるのが習わしのようだが、遠い日本からやってきたということで、午後にずれ込んだ墓参りも大目に見てもらえるだろう。

歩いて墓地に向かうと、石磊村と周辺の情況がよく分かる。この辺りはなだらかな丘陵地で、赤みがかった色の畑がどこまでも広がっている。その赤い土の広い大地に、山と言うよりは丘と呼ぶ方がふさわしい小高い高台がなだらかに連なり、傾斜がややきつくなる頂《いただき》に近いところは畑にされず、自然の樹林がそのまま残っている。その樹林と畑の境になる辺りに墓地が設けられている。満州族の人たちが多く住むこの辺りは今でも土葬が行なわれているようだ。

張鳳嶺さんのお墓である新しい土饅頭も、樹林と畑の境になる辺りに作られている。この辺りでは、夫妻が並んで埋葬されたあとに墓碑を建立するということなので、張鳳嶺さんの土饅頭に墓碑はない。その代わりに、やや大きな四角い石が土饅頭の先端部に数個積み上げられていて、その辺りに供え物や花を供えて墓参りをするようだ。

張鳳嶺さんが眠る新しい土饅頭の近くには、二組の夫妻が眠る夫々の土饅頭と、その夫妻の名前を刻む墓碑（墓石）が二つと、それとは別の墓碑のない土饅頭が一つある。それぞれ親族の方のお墓なのだろう。

墓参のため日本からはるばるやってきたＪＲ東海労関西地本の人たちは、張鳳嶺さんのお墓に供え物と花を供え、それぞれが手を合わせ、亡くなった張鳳嶺さんをしのび、それぞれの想いを伝える。

墓参りを済ませ振り返ると、広大な畑が目の前にというか眼下に広がっている。豊かで静かな故郷の大地で張鳳嶺さんに安らかに眠ってもらいたいと思う。

大房身屯の墓地
なだらかな丘陵の樹林と畑の境になる辺りに作られている。

張鳳嶺さんのお墓
手前の新しい土饅頭がそれ。奥の二基の墓碑は、別の二組の夫妻のお墓のもの。

張鳳亭さんの家に戻ると、多種多様な料理が、たくさんの皿などに山盛りになって食卓に並んでいる。肉や魚やカニも野菜も山盛りだ。ビールも並んでいる。孫玉珍さんも料理作りに加わり、大いに腕を振るってくれたようだ。昼食にはやや遅い時間になったが、心のこもった手作りのおいしい料理を、張鳳亭さんの家族といっしょに関西地本のそれぞれが腹一杯ごちそうになる。こんな風に歓迎してもらえるのは嬉しいことだ。

昼食を済ませ、いろいろ歓談したあと、孫玉珍さんと張鳳亭さん一家にいとまを告げ、盛大な見送りを受け午後三時過ぎに石磊村大房身屯をあとにする。そして、大房身屯を出発し四〇分ほど地方道を走ったあと、大連に向かう快適な高速道路に入る。石磊村に向かうときには意識していなかったが、この辺りの山という か丘陵地にはお墓がたくさんあるようだ。

この日の宿舎となる、大連市街の中心地にある中山大酒店（ホテル）には午後五時頃に到着する。そして受付を済ませ、夕食に出るまで夫々の部屋でしばらく休憩する。大石橋市の陳麗坤《ちんれいこん》副市長らとの早朝からの会談と、文化広電局の欒守壮《らんしゅそう》局長らとの虎石溝万人坑記念館の視察・確認と、張鳳嶺さんのお墓参りという重要な予定を無事に済ますことができたので、小林國博団長も各参加者もほっとしていることだろう。

午後六時半にホテルからバスに乗り、大連で有名だという海鮮料理の店に向かう。三方を海に囲まれる大連は、ヒラメ・メバル・アイナメなど海の幸が豊かでとても旨いとのことだ。また、五月末のこの時季はアカシアの花が咲き、五月二五日からアカシア祭りが開催されている。アカシアの花は白と紫と桃色の三種があり、その中で白が一番多い。一方、大連には、三〇〇〇社もの日本の企業が居を構えていて、一万二〇〇〇名もの日本人駐在員が活躍しているとのことだ。

大連の海鮮料理を満喫したあと、ホテルに戻ってから二次会となり、午後一一時過ぎまで張鳳嶺さんの思い出話などに花を咲かせる。

帰国

訪中三日目の五月三一日は、午後二時一五分に大連空港を飛び立つ全日空機で関西空港に戻るだけだ。それで、飛行機の出発まで時間があるので、大連市内にある自然博物館を午前中に参観する。恐竜の化石や、大型恐竜の実物大の骨格模型が並んでいるほか、鯨やサメなど巨大な海洋生物の実物大の模型も展示されている面白い博物館だ。

自然博物館を参観したあと、大連市内の食堂で昼食を済ませ、一二時半に大連空港に到着する。あとは、全日空機で大連空港を飛び立ち関西空港に向かうだけだ。

虎石溝万人坑記念館の将来を何とか見通すことができ、また、孫玉珍さんと再会し張鳳嶺さんの墓参りもできたので、私にとっては意義深い中国の旅になった。張鳳嶺さんを支え、虎石溝万人坑記念館を長年にわたり守り続けてきたJR東海労関西地本の皆さんに大いに感謝しなければならないと思う。

JR東海労関西地本の海外平和研修

一九九七年の第一回中国平和研修から始められたJR東海労関西地本の海外平和研修もやがて幕を閉じる

ことになる。それで、この項で、張鳳嶺さんが逝去したあとの、二〇一二年以降のＪＲ東海労の海外平和研修について最後に簡単にまとめておきたい。

張鳳嶺さんが逝去したあとの最初の海外平和研修となる二〇一二年の第一五回海外平和研修では、ＪＲ東海労関西地本として二回目となる韓国平和研修を実施することになり済州島を訪ねた。（二〇〇一年に、当時の舟山守夫委員長が主宰した中国平和研修とは別に、最初の韓国平和研修を関西地本は実施している。）

それからは、大石橋や平頂山を訪ねる中国と、済州島を訪ねる韓国を交互に訪問するようになる。また、二〇一三年の第一六回海外平和研修からは、大石橋と平頂山以外の地としてそれまで訪問を続けてきた北京の代わりに南京を訪れるようになる。

そのあと、海外平和研修が二〇回（二〇年！）になるのを区切りとし、二〇一七年の訪中を、関西地本の最後の中国平和研修とすることに決める。そして、一日目に訪れた大石橋の虎石溝万人坑記念館には、中国国旗である五星紅旗が記念館の正面に掲揚されていた。五星紅旗が掲揚されるようになったことで、記念館がこれからずっと存続することは決定的になったと舟山守夫さんは確信する。その翌日に撫順で、二〇〇〇年に初めて会って以来ずっと親交を深めてきた平頂山惨案遺跡記念館の籥景全前館長との最後の宴席を、この二〇回目の海外平和研修となる記念の年に設けている。さらに三日目に、大連の瓦房店大房身屯を訪れ、関西地本として実施するのは最後になる張鳳嶺さんの墓参を済ませた。

そして、二〇一八年に二一回目の海外平和研修で韓国の済州島とソウルを訪ねたのが、ＪＲ東海労関西地本の文字通り最後の海外平和研修になる。

中国平和研修を主とする関西地本の海外平和研修に参加した組合員と家族や友人は延べ四〇〇名を超える。

そのうち、中国平和研修の参加者が二九六名、韓国平和研修の参加者が約一〇〇名になる。

長い間ずっと研修団に付き合ってくれた中国人ガイドの王永清さんと張燕平さんは、「舟山守夫さんやJR東海労の人たちは大石橋の虎石溝万人坑をなぜ知っていたのか。舟山守夫さんらに大石橋の史実を教えられた」と感謝する。延べ三〇〇名に近い組合員と家族や友人に、消し去ることのできない日中間の歴史を体験してもらうことができた舟山守夫さんは、その成果を素直に喜びつつ、「研修を通し、中国人と友人になれたことが財産になる」と話す。

第五章　注記

（注01）青木茂著『二一世紀の中国の旅――偽満州国に日本侵略の跡を訪ねる』日本僑報社、二〇〇七年

第三部　野津加代子さん

第六章　野津加代子さんと「万人坑を知る旅」

野津加代子さんは、『ピーナッツコミック（peanuts comic）』のスヌーピーを通して小学生のころからアメリカにあこがれ、大学で英米語を学び（専攻し）、二九歳の時にアメリカに留学する。そして、シアトルのコミュニティーカレッジで実践英語を学び、カレッジ卒業後もそのままアメリカに留まり、ワシントン州のホテルで働きながら先住民の居留地を訪ね歩き先住民との交流を深めた。また、アメリカで暮らすうちにキリスト教の洗礼を受けキリスト教徒にもなった加代子さんは、スヌーピーにあこがれた小学生のころから三〇歳代の半ば過ぎまでアメリカ一辺倒の人生を歩んでいた。

その加代子さんに転機をもたらしたのは、三八歳の時に母に誘われ、中国遼寧省の撫順に行き撫順戦犯管理所を訪ねたことだ。この訪中を機に、撫順戦犯管理所に関わる歴史を深く学び、日中一五年戦争とその後の国共内戦の戦犯として撫順戦犯管理所と山西省の太原戦犯管理所に収監された体験を持つ元日本兵や元「満州国」官僚らに出会い親交を深めた加代子さんは、市民団体「撫順の奇蹟を受け継ぐ会・関西支部」を設立し、撫順および太原戦犯管理所と元日本人戦犯に関わるさまざまな活動にのめり込むことになる。

そのようにして中国との関わりを深める中で、万人坑と中国人強制連行・強制労働に関わる問題にも正面から向き合うようになる。そして、中国各地に現存する万人坑を訪ね、その背後にある中国人強制連行・強制労働と日本軍による中国軍民に対する虐殺の凄惨な実態を万人坑の現場で自らの目や耳で確認することを目的とする「万人坑を知る旅」を主宰することになる。

この「万人坑を知る旅」は、二〇〇九年の第一回から二〇一七年の第八回まで八回実施されている。また、「撫順の奇蹟を受け継ぐ会・関西支部」訪中団などいろいろな訪中団を他にも主宰している加代子さんは、「万人坑を知る旅」以外にもいろいろな機会を利用し、中国各地に現存する万人坑を訪れているので、今の日本で最も数多く万人坑を巡り歩いている人ということになるのではないかと私（青木）は思っている。

本章（第六章）では、そんな加代子さんの半生を紹介する。

アメリカにあこがれ英米語学科に学ぶ

野津久夫さん・喜美子さん夫妻の次女として一九六二年三月九日に島根県松江市で野津加代子さんは生まれた。兄弟姉妹は四人で、姉と弟と妹がいる。

チャールズ＝M＝シュルツさん作の漫画集で、スヌーピーやチャーリーブラウンなどの有名な主人公たちが登場する『ピーナッツコミック（peanuts comic）』に小学生の頃から親しんできた加代子さんは、スヌーピーやチャーリーブラウンを生み出したシュルツさんが暮らしているアメリカにあこがれを抱く。そして、地元の松江市立女子高校に入学してからも『ピーナッツコミック』を愛読し、スヌーピーなどの母国であるアメリカに対するあこがれを一層強め、英語を学ぶことができる外国語大学に進学することを目指す。

シュルツさん（左）と野津加代子さん

そして、一九八〇年四月に関西外国語大学（短期大学部）米英語学科に希望通りに入学した加代子さんは、一八年間を過ごした故郷の松江を初めて離れ、大阪府枚方市で初々しい大学生として新しい生活を始める。

関西外国語大学（短期大学部）では、米英語学科で学ぶかたわら、学生の同好会（サークル）である国際親善部に所属する。国際親善部の主要な活動は、さまざまな行事を通して各国からの留学生と交流することであり、パーティーを開催したり、ハイキングに出かけたりして各国の留学生と親睦を深めた。また、活動の中で、様々な国についての勉強会や日本語弁論大会にも取り組んだ。その中でインド勉強会は、印象に残る活動の一つだ。

英語を母語とする留学生と交流を深めることで実践的英語力が向上することを実感しながら専門的に英語を学ぶこと自体や、国際親善部でのサークル活動や、刺激の多い都会でのアルバイトなど自由な大学生活が楽しくてしかたがない加代子さんは、短大から四年制に編入するための試験を受けることに決め、卒業を控えて大学（短大）の同期生が遊びに夢中になっているのを横目に猛勉強する。そして、無事に編入試験に合格し、四年制の英米語学科の三回生に希望通りに編入することができた。

それから一年後の、大学三回生を終えたあとの春休み（三月）に、小学生のころからあこがれていたアメリカに行き、一カ月の「ホームステイ」を体験する。「ホームステイ」先は、スヌーピーなど『ピーナッツコミック』の作者であるチャールズ＝M＝シュルツさんが住んでいるサンタローザに近いカリフォルニア州のペタルマという街で、ペタルマ滞在中にあこがれのシュルツさんに会うことができた。

四回生になると、四月から八月にかけ、加代子さん自身が「ホームステイ」で世話になった、学生らに海外留学を紹介・斡旋する会社で、「ホームステイ」の相談員（助言者）としてアルバイトをする。

東急ハンズ

関西外国語大学在学中に友人に薦められ、就職先として特別に注目していたわけでもない東急ハンズの採用面接を受けてみる。東急ハンズは東急不動産の子会社で、雑貨の販売を業務とする新進の大規模小売店だ。採用面接を受けた加代子さんは、若い会社の社風が創造的であると感じ、職場のようすも健全で楽しそうなので、東急ハンズに就職することを決める。生来の「雑貨好き」であることが就職先の選定に影響があったのは確かなようだ。

そして、無事に大学を卒業し、一九八四年四月に東急ハンズに入社する。同期入社は、女性七名と男性五名の合わせて一二名で、加代子さんは、前年に新規開店したばかりの、東急ハンズの関西地方における一号店となる大阪・江坂店に配属される。当時の大阪・江坂店は、東急ハンズが関西地方に展開している唯一の店であり、大阪市内に借りたマンションから江坂店に通勤することになる。

さて、加代子さんが東急ハンズ江坂店で与えられたのは、担当商品の企画から仕入れと販売までの全てを一貫して遂行する業務で、ジグゾーパズルや台所雑貨などの担当を任される。担当する商品に対する責任を全て任され、やりがいがあり、趣味とほとんど重なるような仕事を大いに楽しむ。好きなことを楽しみながらやっているのに給料ももらえるという嬉しい感覚だ。半分は趣味のような仕事を楽しみながら着実に成果を上げる加代子さんは昇格するのも早かったようだ。

こうして大阪・江坂店で活躍していた加代子さんは、東急ハンズ入社五年目に東京で研修を受ける。そのときに先輩から、「入社五年ともなるといろいろ悩んでいるのではないか。真面目な人なら、迷いを感じるのは当然だ」となぜか言われた。その言葉がけっこう気になり自身のことを振り返り見つめているうちに、仕事が楽しいだけでよいのか、楽しいだけではダメなのではないかとも思うようになる。

そのようにしてあれこれと想いをめぐらせるうちに、娘の大学進学に理解があった母から多大な支援を受けて大学に進学し英語を学んだのに、その専門知識を生かしていないのでは母に申し訳ないと思うようになる。そして、経済的に自立できたので、その先はアメリカに住み、アメリカ人と交流し、アメリカ人と机を並べていっしょに学び仕事をしてみたいと考えるようになる。そのため、まずはアメリカに留学し、しっかりと語学研修をするところから始めるべきだと心に決める。

そこで、アメリカに留学することを両親に相談すると、父は反対したが母は賛成してくれた。そして加代子さんは、アメリカに留学し語学研修から始めることを決める。こうして、七年半勤めた東急ハンズを一九九一年九月に退職することになる。

シアトル

（一）学ぶ（アメリカ語学留学）

アメリカに語学留学するため、修学先と下宿（ホームステイ）先を併せて紹介・斡旋してくれる会社に相談する。そして、一九九一年一〇月からの留学希望に対し、アメリカ東海岸のニューヨーク州バッファローに行こうとすると就学時期が希望通りにならないので、西海岸のワシントン州シアトルでとりあえず六カ月の語学留学をすることを決める。

シアトル＝セントラルコミュニティーカレッジ卒業式（1993年6月）
実質上は3月に卒業している。

こうして一九九一年の一〇月に加代子さんはシアトルに行く。しかし、斡旋会社から紹介された下宿先は何となく相性が合わないので下宿先を変更する。

新しい下宿（ホームステイ）先の女主人は六〇歳代の元小学校教師で、ドリスさんという。先祖はノルウェーからの移民だ。ドリスさんには、加代子さんと同世代の息子一人と娘三人がいて、それぞれが独立して生活していた。そんなドリスさんと家族に打ち解け、シアトルで快適な生活を送るようになる。しばらく後の話になるが、シアトルのドリスさん宅に松江から両親が遊びに来てくれたこともある。

さて、シアトルで暮らす最初の六カ月は、日本の斡旋会社が紹介してくれた修学先で学んだ。しかし、学費が高いうえに授業内容も良くないので、一九九二年四月から修学先を、授業内容の評判が良いシアトル＝セントラルコミュニティーカレッジに変更する。学費も、コミュニティーカレッジの方が安い。

こうして、シアトル＝セントラルコミュニティーカレッジの一般教養課程で引き続き英語を学ぶ。そして、日本で大学を卒業している加代子さんは、アメリカの短大卒の資格を一年で取得することができ、一九九三年三月にコミュニティーカレッジを卒業する。

(二) 働く

アメリカで短大卒の資格を取得し就労ビザを申請できるようになったので、有効期間一年の就労ビザ(practical training visa)を取得する。(この時期は、この就労ビザを申請することができた。いつも申請できるわけではない。)そして、ホテル(ウェスティンホテル＝シアトル／ワシントン州)に就職し、一九九三年四月から一九九四年三月まで一年間働く。この間は、北海道出身の日本人の友人である由美子さんと二人で郊外の閑静な住宅街にアパートを借り、部屋を分け合って暮らしている。また、永住権を申請する権利も取得したが、申請はせず永住権は取得していない。

(三) キリスト教

シアトル＝セントラルコミュニティーカレッジで学ぶうちに、カレッジの職員であるデレクさんと、デレクさんの友人のキャロラインさんと親しくなる。そして、二人に誘われ、プロテスタントのキリスト教会に通うようになるが、教会に通うようになってもしばらくは日曜日だけのにわかクリスチャン（キリスト教徒）だ。しかし、聖書を重視するプロテスタンティズムの教えにしだいに引かれるようになっていく。

一方、日本では、姉の菜生子さんが神戸のプロテスタント教会にずいぶん前から通うようになっていて、やがて洗礼を受けキリスト教徒になったと伝えられる。そんなこともあり、キリスト教の聖書の教えや牧師の導きに共感を深めていた加代子さんは、シアトルのプロテスタント教会で一九九三年に三一歳で洗礼を受けキリスト教徒になる。

そののち、日本に帰ってからキリスト教への信仰を一層深めることになるのだが、家族で最初にキリスト教徒になった姉の菜生子さんに続いて家族全員がキリスト教徒（プロテスタント）になることになる。

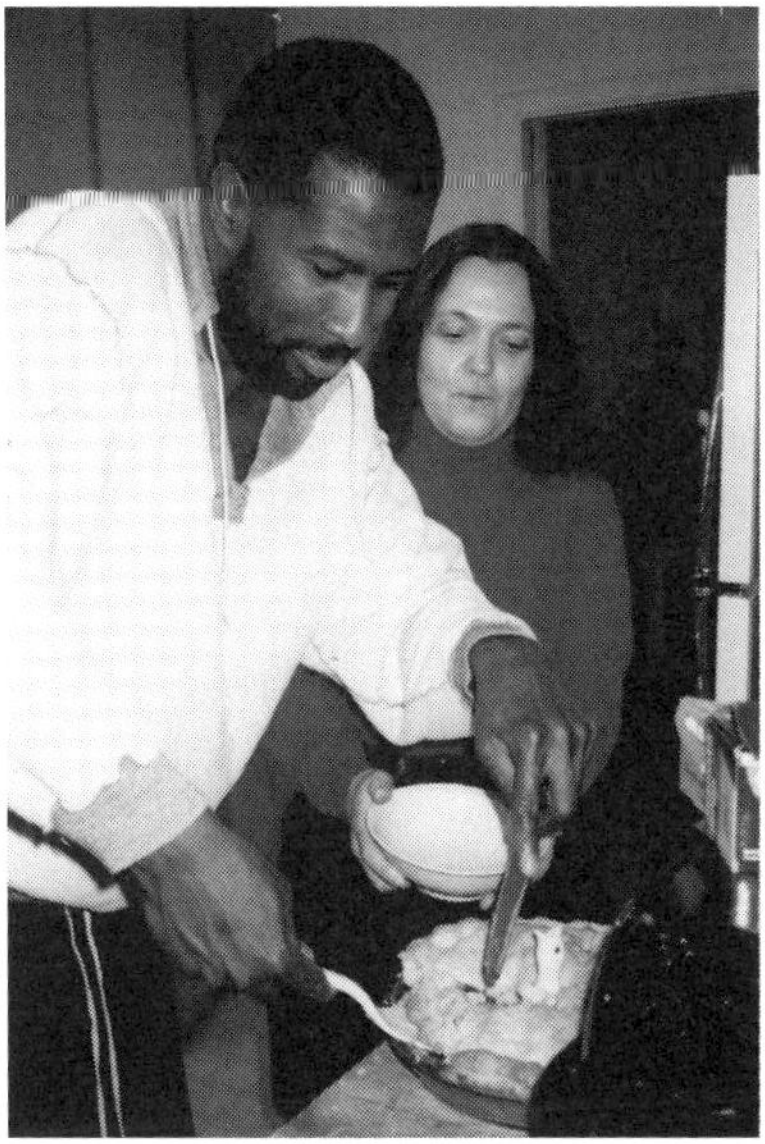
デレクさん（左）とキャロラインさん

(四) アメリカ先住民

東急ハンズで働くようになってから興味や関心をしだいに深めていたアメリカ先住民について学ぶことが、シアトルで暮らす加代子さんの一番の関心事になっていた。

そのため、さまざまな形で催行される先住民に関わる体験型ツアーに参加し、ナバホ族やホピ族など先住民が暮らすアリゾナ州の居留地を訪ね、集落の中に入って先住民の生活を体験し、彼らの文化や考え方を学んだ。

また、市場で売られていた作品が縁となり、ロックアート（岩に彫刻された絵画）に造詣の深い研究者であるダニエル＝リーンさんと知り合う。リーンさんはロックアートの専門家だが、ロックアート自体が先住民と直接につながっているので、加代子さんが関心を寄せる先住民文化に関わる仲間であり師匠でもあるという関係になる。そのリーンさんは、貨物列車であちこちを旅するホーボー（HOBO＝ヒッピーの列車版）でもある。

（五）シアトル総括

加代子さんにとってシアトルは、「行ってみたら良いところ！」という感じの住みよい街だった。シアトルの街自体がきれいで、夏山をはじめ自然がとても美しい。雨が多いのは、故郷の松江（出雲地方）によく似ていてしっくりとくる。また、雨が多いため屋内施設が充実していて、本屋も映画館も美術館もバレエなどの劇場も、それぞれに味わいがあり面白い。そんなシアトルは、さまざまな人種が共存共生している自由な土地柄の街であり、文化的な香りの高い街だ。

シアトルでは、もちろん英語も学んだが、赤十字などの奉仕（ボランティア）活動に参加し、アメリカ先住民と交流し、キリスト教会に通い洗礼も受けた。また、韓国系アメリカ人が経営する韓国・日本料理店でアルバイトで働き、一流のホテルでも従業員として働いた。このようにいろいろ経験する中で、自分から発信あるいは行動しないと何も始まらないことが分かり、自分で考え自分で早く判断することをアメリカで学んだ。

もともとは九カ月の予定でシアトルに来たのに、当初の予定を延長して二年半も過ごし、学ぶこと、働くこと、遊ぶことなどやりたいことは色々やった。そして、アメリカに留まる理由はもう無いと思い、次は日本に帰り、アメリカで学んだ経験を生かしたいと考え、二年半で日本に帰ると決めた。

大阪で働く

アメリカ・シアトルでの二年半の海外生活を終え一九九四年三月に日本に帰国することになるが、その頃は大阪市内のマンションに姉と弟が住んでいたこともあり、当然のように大阪に帰る。そして、姉と弟といっしょに三人で暮らすため、大阪市内にある三部屋を使用できる別のマンションに引越す。(この引越は一九九四年四月のことで、それから一年も経たない一九九五年一月一七日に阪神・淡路大震災に遭遇することになる。しかし、幸いなことに、引越したマンションに大きな被害はなかった。)

さて、シアトルから大阪に帰ったあと、語学が活かせる仕事を早速探した。具体的なあてはなかったが、日々をまじめに暮らせば何か良い出会いや発見がきっとあると思い、いろいろな仕事に従事する。

最初は、国際会議の企画や運営を行なっている会社で、英語の翻訳や資料を校正する仕事に一年間ほど従事する。しかし、英語に関わる仕事は関西では少なく、魅力的な仕事はあまりなかった。

次に、旅行会社に勤める。そして、実務をこなす中で旅行業の知識を習得し、旅行業の国家資格である一般旅行業務取扱主任者資格を一九九五年に取得する。

その次は、人材派遣会社から松下電池工業や松下電子工業に派遣され、英語の通訳などの業務を担当する。

アメリカ先住民ツアー（2001 年）

一九九七年の夏の三カ月間は、アメリカのコロラド州で旅行業を営むターニャ＝ラインハートさんが企画する、アメリカ先住民の居留地を訪ねるツアー（旅）の通訳兼ガイドとして働く。ラインハートさんは、先住民に関するツアー（旅）を専門に扱う旅行会社であるバッファロートレイルズ社を起業し一人で経営している女性で、先住民文化に対する造詣がとても深く、先住民の知人や友人がたくさんいる。また、日本のことも好きで、いろいろな縁で日本に住んでいたこともある人だ。

一九九八年一月からは、別の人材派遣会社から松下電器産業㈱半導体社に派遣され、アメリカにある化合物半導体の国際会議の論文誌に関わる事務局の英文事務の担当とセンター長秘書を兼務し二〇〇三年三月まで務める。

松下電器産業㈱半導体社に派遣中の二〇〇一年に有給休暇を利用し、アメリカ先住民文化を現地で体験する独自のツアーを企画する。ニューメキシコ州のサンタフェとタオスを訪ね、アメリカ先住民に関わる文化と自然と芸術を満喫するツアーであり、㈱アイランドツアーセンターの企画ツアーとして催行することができた。

松下電器産業㈱半導体社での派遣就労が終了したあと、いくつかの会社勤めを経て二〇〇五年五月から旅行会社で働くようになり、業務を担当しながら旅行業の知識を深める。

後に「万人坑を知る旅」を主宰し催行するときに所属していた㈱みずほトラベルで働くようになるのは二〇〇七年一月からで、㈱みずほトラベルには二〇一六年一一月まで契約社員として所属することになる。旅行会社で働いているときに、松江に住んでいる両親といっしょにいろんなところに旅に出かけるのは大きな楽しみの一つだった。

さて、シアトルから大阪に帰ったあと、このようにいろいろな仕事を経験しているが、三〇歳代の後半を迎える一九九〇年代の末頃の加代子さんは自身の人生に迷いを感じていた。それまではアメリカに、特にアメリカの先住民に関心を寄せ、アメリカ先住民を中心に精力的に活動していたのに、三〇歳代の後半になるとだんだんと関心と興味が薄れていき、アメリカへの想いがしだいに遠ざかっていく。アメリカ先住民という心の拠りどころが心の中から消えたら生きる希望が無くなってしまうように感じ、無気力な抜け殻というほどでもないが、加代子さん自身の言葉を借りると「途方にくれた」という心境になるのだ。

キリスト教徒なのだから、本来ならキリスト教信仰が生き方の土台であるべきなのに「途方にくれた」のは、当時は信仰がまだ浅かったからだと思っている。

母・野津喜美子さん

野津加代子さんの母である野津喜美子さんの父は伊藤熊吉さんで、伊藤熊吉さんは加代子さんの祖父になる。

その伊藤熊吉さんは、一九〇七年（明治四〇年）一一月一八日に松江市で生まれている。そして、結婚し子どもにもめぐまれ幸せに暮らしていた熊吉さんは、満三六歳目前の、かぞえ三七歳の一九四三年一〇月に徴兵される。お父さん子だった娘の喜美子さんが満七歳のときのことだ。

満三六歳を目前にして補充兵として召集・徴兵された熊吉さんは広島西部第五部隊に入隊する。そして、一一月には早くも中国に派兵され、中支派遣槍七一五三部隊の三島隊に配属される。さらに、一九四四年には峯七三四八部隊の旭林隊に転属になり漢口（武漢）に駐屯する。

そののち、漢口で従軍しているうちに病におかされた熊吉さんは、一九四四年八月頃に湖北省漢口第二陸軍病院に入院し、同年一二月二九日に陸軍歩兵上等兵として戦病死している。家族に届けられた死亡通知書には、マラリアで病死したと記載されているが、実際は違う病気だったと母の喜美子さんから加代子さんは聞かされている。しかし、確かなことは分からないままだ。

喜美子さんの手元には、中国に派兵された伊藤熊吉さんから届けられた四六通の軍事郵便が残されていて、加代子さんは母の喜美子さんから祖父の軍事郵便をいつも見せられていた。その軍事郵便には、ある村に行ってニワトリを捕まえて食べたことなど日常の差し障りのないことが書かれている。家族に心配をかけたくない、元気でいると家族を安心させたいという配慮なのだろう。

一九三六年八月一日生まれで、幼い頃に父を亡くした喜美子さんは、それでも元気に明るく育ち、野津久夫さんと結婚したあとも退職しないで、松江市役所などの機関で公務員として五九歳まで勤めた。ちなみに、夫の野津久夫さんも松江市役所に勤めた公務員で、社会教育の分野で活躍し、最後は松江の青年センターの所長を務めている。

それで、喜美子さんが、六〇歳の定年より一年早く市役所を退職したのは、喜美子さんの弟が急死したためであり、公務員生活を早くやめて、やりたいことを少しでも早く始めたい、そして人生をもっと楽しみたいというのが退職の理由だったようだ。その思い通りに、市役所を退職した喜美子さんは、在職中以上に読書に親しみ、放送大学の通信講座や中国語教室で中国語を習得し、あとで説明する中国帰還者連絡会（中帰連）に関わる活動にやりがいを感じ熱心に取り組むことになる。

伊藤熊吉さん
1943 年の出征時（36 歳）

さて、戦死者の遺児（遺族）は、当時の厚生省の支援事業により、戦死者の従軍地（赴任地）を含む戦地を一度だけだが訪問することができた。戦争遺児である喜美子さんは、父の赴任地である中国への訪問を厚生省に申請し、南京や武漢を訪ねることができる旅程を選ぶ。

そんな戦地訪問の手続きをしているときに喜美子さん

は靖国神社に違和感を覚える。父（伊藤熊吉さん）は靖国神社などにいるわけがない、父は中国に残されたままだ、父は今も中国にいるというのが喜美子さんの想いだ。

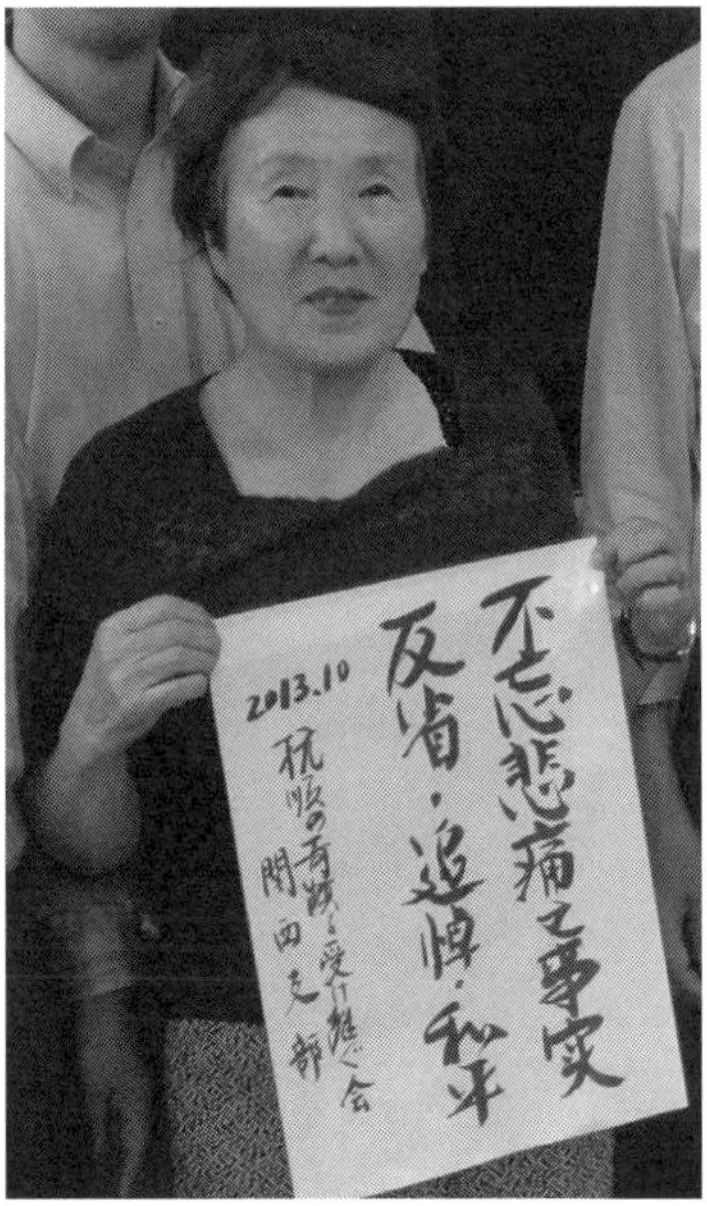

野津喜美子さん
2013年の訪中時

家族旅行で中国に行ったとき、喜美子さんは万里の長城から中国の石を持ち帰っている。また、松江市役所を退職したあと、夫の久夫さんと共に語学留学で中国に行き二カ月ほど滞在したとき、父の赴任地であり父が戦病死した漢口（武漢）を流れる長江（揚子江）を訪れ、長江の流れを見ながら喜美子さんは号泣している。お父さん子だった喜美子さんは、中国の地に父は今も眠っていると思っているのだ。

一九九七年七月に、厚生省の支援事業による戦争遺児の戦地訪問が実施され、喜美子さんは中国に行く。そして、武漢（漢口）で、漢口第二陸軍病院があったと思われる場所を現地ガイドに探してもらい、それらしい建物を確認することができた。

この戦地訪問で南京を訪ねた際に訪中団一行は、日本人戦没者の慰霊祭を、南京のホテルの地下室で、周囲の人目を避け隠れるようにして実施している。南京大虐殺を経験している南京では、総体としては戦争犯罪を一切反省していない日本に対する反感が極めて強く、戦争犯罪者である日本人死亡者に対する慰霊行為を日本人の遺族が行なうことも当時の南京市民は許さなかったのだ。

戦地訪問から帰ったあと、日中戦争に関わる歴史を喜美子さんはいろいろと学ぶ。そういう時に開催された地元の戦争展の集会で、中国帰還者連絡会[注01]（中帰連）の会員である元日本軍兵士が、自らの残虐な加害行為を含む日本の戦争犯罪を真摯に証言し告発する姿にびっくりする。

その元日本軍兵士からいろいろと教えてもらいたいと思った喜美子さんは、元兵士が所属する市民団体として教えられた中帰連（山陰中帰連）の事務局を訪ねて話を聞き、難《なん》波《ば》靖直《やすただ》さんらと知り合う。そして、難波靖直さんらからあれこれと話を聞くうちに中帰連の重要性を理解しはじめた喜美子さんは、夫の久夫さんを誘い、いっしょに中帰連（山陰中帰連）の賛助会員になる。

こうして中帰連の賛助会員になり、会員の人たちから話を聞き、紹介された本を読み、中帰連のことを深く理解するようになった喜美子さんは、二〇〇〇年に計画された、撫順戦犯管理所を訪れ管理所の元職員らと交流することを目的とする中帰連の最後の訪中団に参加することを決める。そして、子どもたちのうちの誰かが、中国との戦争に関わる史実を知り、喜美子さんの父への想いと反戦平和への願いを受け継いでほしいと考え、娘の加代子さんにも参加してみないかと声をかける。

中帰連の最後の訪中団　二〇〇〇年

一九九〇年代の末頃の加代子さんは、若い頃から一辺倒で夢中になっていたアメリカへの関心が薄れ、アメリカ先住民への興味も薄れ「途方にくれて」いた。そんな時に、山陰中帰連との関係を深めていた母の喜美子さんから、二〇〇〇年に実施される中帰連の最後の訪中団に参加してみないかと誘われる。

野津加代子さん（左）と野津喜美子さん（中）と野津久夫さん
初めて訪れた撫順にて。

中国には一〇年以上前に家族といっしょに観光旅行で一度だけ行ったことがある。万里の長城や北京の故宮や桂林などの有名な観光地を訪ねる普通の観光旅行だ。それ以外には中国との関わりはなく、近現代史も含め中国のことは何も知らない。もちろん中帰連のことも、その名前すら聞いたことがない。しかし、アメリカへの関心を失くし「途方にくれて」いた加代子さんは、父の久夫さんと共に母の喜美子さんに同行し中帰連の訪中団に参加してみることにする。中国に行くのは二回目になるが、中国と本格的に関わるのはこの時の訪中団が初めてになる。

二〇〇〇年の中帰連訪中団には、二〇名ほどの中帰連会員を含む一〇〇名以上が参加する。その中帰連訪中団の旅行手配を担当したのは東京のクラウン観光社の長沼仁さんで、長沼仁さんから届けられた、撫順戦犯管理所や平頂山惨案遺跡記念館などを訪ねる旅程表を見て、普通の観光旅行ではないと加代子さんはびっくりする。

さて、中帰連訪中団が訪れた遼寧省撫順市にある撫順戦犯管理所では、中帰連訪中団を歓迎する記念式典や晩餐会などさまざまな催しが行なわれ、戦犯管理所側からは、二代目の所長を務めた金源《きんげん》さん、(注02)金源さんの妻で自らも管理所の職員として働いた鄭英順《ていえいじゅん》さん、管理教育課の教官として日本人戦犯の教育を直接担当した崔仁杰《さいじんけつ》さんら大勢の元職員と関係者らが出席している。

中帰連会員は二〇名ほどが参加しているが、久夫さんと喜美子さんが直接交流している山陰中帰連の会員は参加していない。その山陰中帰連の会員から預かってきた贈り物を喜美子さんは崔仁杰さんに無事に手渡すことができた。崔仁杰さんから親身に指導を受けた元戦犯が、山陰中帰連の会員の中にも大勢いるのだ。

あと、撫順では、戦犯管理所の他に平頂山惨案遺跡記念館も参観した。記念館内に保全されている平頂山事件の虐殺現場は、日本軍による住民虐殺により作り出された万人坑だが、加代子さんにとっては、とにもかくにも初めて実際に見る万人坑ということになる。

ところで、二〇〇〇年の中帰連訪中団には、中帰連会員の孫の世代になる若者がたくさん参加していた。その若者たちが、撫順戦犯管理所で実際にあった、今では広く一般に「撫順の奇蹟」と呼ばれ知られているその「奇蹟」を目の当たりにし、いろいろな想いをめぐらせる。そして、これからどうすればよいのかを相談し、中帰連最後の事務局長という要職に就き訪中団を統率している高橋哲郎さん(注03)の願望や期待を真剣に受け止め、中帰連の活動と想いを若い世代の者たちが受け継ぐことを確認し合う。

撫順での一連の活動を終えた中帰連訪中団は北京に移動し、(注04)訪中団の成功を祝う懇親会を宿舎の華都飯店(ホテル)で開催する。その懇親会の席で、熊谷伸一郎さんが若者を代表して、中帰連の活動と想いを受け継いで活動する「受け継ぐ会」の設立を宣言する。二〇〇〇年九月二〇日のことだ。

それから二年ほど後のことになるが、二〇〇〇年九月二〇日に北京の華都飯店で行なわれた「受け継ぐ会」設立宣言は、次に記すように具体的な形になって結実することになる。

つまり、一九五七年の設立から半世紀近くにもなろうとする中帰連は、多くの会員が高齢のため逝去し、残っている会員もほとんどが八〇歳あるいは九〇歳を超え、団体としての活動を維持することが困難になり、二〇〇二年四月二〇日に解散する。それを受け、全国各地に支部を持つ市民団体「撫順の奇蹟を受け継ぐ会」（受け継ぐ会）が、中帰連解散の翌日の四月二一日に第一回総会を開催し、中帰連の意志を受け継ぎ中帰連の活動を継承することを、前日に解散した中帰連の会員の前で正式に宣言する。そして、中帰連の会員の多くも特別会員として「受け継ぐ会」に参加している。

「撫順の奇蹟」に驚嘆！

二〇〇〇年の中帰連最後の訪中団に参加して初めて出会った中帰連会員の諸氏は、人間としてのあり方がまるで違うと感動した加代子さんは、今では「撫順の奇蹟」として一般に知られている、撫順と太原の戦犯管理所で実際に行なわれた日本人戦犯に対する中国の寛大政策とその結果に驚嘆し、撫順戦犯管理所と中帰連に出会ったことで人生を大きく変えることになる。

キリスト教徒の加代子さんには、日本人戦犯に対する中国の寛大政策がキリスト教の赦しと重なって見えた。中国にはキリスト教徒がいて、撫順の「赦し」（寛大政策）にキリスト教が関わっていて、撫順の「奇蹟」に聖書の言葉が示されたように思えるのだ。

こうして、それまでは全く知らなかった日本と中国に関わる近現代の歴史と日本の侵略犯罪・戦争責任について、撫順を訪ねて初めて認識させられたのだが、思い起こすと、アメリカのシアトルで暮らしているときに、インドネシアから留学で来ている若い女子学生から「私たちはもう怒っていないよ」と言われたことがある。その時は、戦争の時の事かなと感じただけだったが、その意味がようやく分かった。あるいは、シアトルのウェスティンホテルで働いているときに、アジア太平洋戦争後に香港からアメリカに移住し同じホテルで働いていた同僚の高齢の中国人から、「香港市内のホテルで日本兵が中国人を拷問しているのを子どものころに見た」と言われたときもその意味を理解できなかったが、その中国人同僚の想いが今ようやく分かるように思えた。

母の喜美子さんといっしょに中帰連訪中団に参加して中国に行き、「撫順の奇蹟」に出会うことができてよかったと心から思う。

二〇〇〇年　万人坑との出会い

中帰連訪中団に参加し帰国した直後から、中国と日本に関わる歴史を知るために本を探し、むさぼるように読み始める。母から借りた本の中には、中帰連が発行している機関誌である季刊『中帰連』(注05)がたくさんあった。

そして、たくさんの人が薦めてくれたのが本多勝一さんの『中国の旅』だ。本多勝一さんのことをそれまでは知らなかったが、さっそく『中国の旅』を手に入れ隅から隅まで読み、中国が受けた被害のすさまじさに驚愕する。

それで、本多勝一さんが記録しているたくさんの被害事例のどれもが、目をふさぎたくなるほど残忍きわまりないのだが、その中でも大石橋の虎石溝万人坑が特別に気になった。万人坑がなぜ特別に気になるのか理由はよく分からないが、本多勝一さんの『中国の旅』に記録されている虎石溝万人坑が、加代子さんにとっては、中国人強制連行・強制労働に関わる万人坑との初めての「出会い」になる。そして、この出会いを加代子さんは「神の導き」と表現する。

それから少し後のことになるが、全国組織の「撫順の奇蹟を受け継ぐ会」を二〇〇二年四月に正式に設立し初代事務局長に就任した熊谷伸一郎さん(注04)が同年七月に東京で開催した、本多勝一さんが講師を務める「聞き取りのしかた」講習会に加代子さんは参加し、本多勝一さんに初めて出会うことになる。(余計なことだが、この講習会に小生=青木も参加している。)

加害責任に苦しみ続ける中帰連の人たち

中帰連訪中団に参加し帰国した直後から中国と日本に関わる歴史を学び始めた加代子さんは、ずいぶんと以前から中帰連と関わっている熊谷伸一郎さんから中帰連会員名簿の写しをもらい、主に大阪と関西に住んでいる中帰連の会員を訪ね歩くようになる。

会員名簿に記載されている連絡先に連絡すると、たいていの会員は、会って話をすることを承諾してくれる。それで、一人で訪ねて行くと、「私の戦争の話をあなたは聞きに来たんやろ」などと快く受け入れてくれる。そして、話しにくい自身の体験を誠実に精一杯話してくれる。

たくさんの中帰連会員に会い話を聞いたので、会った人の全ての名前を挙げることはしないが、隠岐島出身の福島己之進《みのしん》さんは加代子さんと同じ島根県人で、本多勝一さんと長沼節夫さんの『天皇の軍隊』(注06)の「第8章―情報下士官」に登場する人だ。

また、話を聞いた中帰連会員の中でとりわけ印象が深いのは、戦中までキリスト教徒だったが、自身のあまりの罪深さにいたたまれなくなりキリスト教徒であることをやめてしまったと聞いている住岡義一さんだ。加代子さんが知る限りでは、中帰連の人たちの中にキリスト教徒は一人もおらず、唯一の例外として戦前戦中の住岡義一さんがいるだけだ。

住岡義一さんは絵画（油絵）を趣味にしていて、自宅にアトリエ（画室）がある。そして、中国・山西省の風景をたくさん描いている。しかし、そこに人物は描かれていない。ある日、自宅を訪問してきた加代子さんらと会い、当たり障りのない話をしながらなごやかに絵画を観ているとき、山西省の風景画に人物が描かれていないことについて、「人を描こうと思うのだけど、どうしても描けない」と住岡義一さんがつぶやいた。その途端に、柔和な表情が厳しい表情に変わり、その場の空気（雰囲気）が一変する。住岡義一さんは以前にも、新聞社の取材を受け「証言」しているときに倒れたことがあると聞いているので、加害のPTSD（post-traumatic stress disorder–心的外傷後ストレス障害）にさいなまれているのかもしれないと加代子さんには思えた。

自らが犯した戦争犯罪・加害責任を心から反省している中帰連の会員は加代子さんにはとても魅力的であり、会うごとに興味が増し、話を聞くたびにたくさんのことを教えられる。そして分かったことは、中帰連の人たちは自らの罪業を深く認識し、罪を認め被害者に心から謝罪しているのに、自分を赦すことができないで苦しみ続けていることだ。

撫順と太原の戦犯管理所で指導を受け、自らが犯した罪を理解し、その罪を認め心から謝罪した元日本人戦犯らは「鬼から人に変わった」と言われる。しかし、鬼から人に変わるときの苦しさは当人にしか分からないのだろう。さらに、被害者に心の底から謝罪し「人に変わった」と周りから言われても、自身を赦すことはどうしてもできないのだ。

罪を認めて生きることに苦しんでいるのに、命を助けてもらった大恩人である戦犯管理所の指導員の先生方や職員を裏切ることはできず、死ぬこともできない。あれだけ認罪し（罪を認め）あれほど反省しているのに苦しみしかなく、救われることがない。そして、加害のＰＴＳＤにも苦しむ中帰連の人たちにキリスト教の福音を伝えたいと加代子さんは思う。悔い改めているのだから赦されている、罪を認め謝罪している人は救われているというキリスト教の福音・救いを分かってもらいたいと心から願う。

撫順の奇蹟を受け継ぐ会・関西支部

さて、中帰連の訪中団が帰国してから二カ月か三カ月ほど経ったころに、熊谷伸一郎さんから「関西はどうしますか」と打診される。中帰連の活動を受け継ぐ会（市民団体）を各地で立ち上げて地方支部を整備し、地方支部を統合する「撫順の奇蹟を受け継ぐ会」という名称の全国的な組織を作りたいと考えている熊谷伸一郎さんが、大阪あるいは関西でも支部を立ち上げてほしいと促しているのだ。

それまでの加代子さんは、自分中心の生活をしているだけで市民運動とは無縁だった。しかし、季刊『中帰連』の購読者名簿を入手し購読者に声をかけると、大阪近辺などから一〇名くらいが集まってくれた。そして、集まった人たちで相談し、「撫順の奇蹟を受け継ぐ会・関西支部」を立ち上げ活動しようということになる。「心に湧いてきた想いと、仲間がいるという環境と、心の平安が揃い、これは神様の御心だと確信し、『撫順の奇蹟を受け継ぐ会・関西支部』を設立することになった」と、当時の心境を加代子さんは説明してくれる。趣味ではなく、本気でやろうと決心したのだ。

『詩集　八十六歳の戦争論』や『従軍慰安婦だったあなたへ』などの作品を発表している詩人の井上俊夫さん(注07)は、二〇〇〇年の中帰連訪中団が中国に向かう飛行機の中で偶然隣の席になった人だが、中帰連や撫順戦犯管理所について当時は何も知らない加代子さんは井上俊夫さんに立て続けに質問を連発した。その井上俊夫さんが、「あの何も知らなかった加代子さんが関西支部を立ち上げるとは！　これって、撫順の奇蹟じゃないの！」と感慨深そうに話してくれたことが印象に残っている。

二〇〇一年一二月に、「撫順の奇蹟を受け継ぐ会・関西支部」の発足集会を開催し、「受け継ぐ会・関西支部」の活動が正式に開始される。発足集会で、支部長に溝田彰《みぞたあきら》さん、事務局長に加代子さんを選任することが承認されたが、関西支部は、支部長も事務局長も、なぜか共にキリスト教徒だ。事務局長という要職に就き市民運動に初めて取り組む加代子さんは、多くの面白い人と出会い新しい世界を見つけたような心持ちだ。それまでには経験したことのない人間関係が新鮮だった。

「偽善者たち。あなたがたは地や空の現象を見分けることを知りながら、どうして今のこの時代を見分けることができないのですか。」「また、なぜ自分から進んで、何が正しいかを判断しないのですか。」（新約聖書ルカの福音書一二章五六節・五七節）というのは、加代子さんが「撫順の奇蹟を受け継ぐ会」の活動を始めるきっかけになった聖書の言葉だ。この言葉の意味を加代子さんは、「事実を正しく認識すること」だと感じている。中帰連の人たちが、事実を基に人間として正しく生きようとしている姿がこの言葉と重なるようだ。

また、加代子さんが中帰連の人たちと強く結びつける聖書の言葉がもう一つある。それは、「その木は、成った実によって分かる」という言葉だが、「その木」は撫順の奇蹟を指し、「実」は中帰連の人たちであり苦しみの実だと説明してくれる。

中帰連の人たちは、罪を認め（認罪）悔い改めているのに、自らが許されることはないと思い、心が晴れることがない。そして、死んだら地獄に行くしかないと考え苦しみ続けている。しかし、キリスト教では、悔い改めている者は神から赦されていると教えられている。だから、中帰連の人たちは赦されるべき存在であり既に赦されていると加代子さんは確信している。

それゆえ、信仰の世界では、悔い改めた中帰連の人たちは赦されていることを伝え、キリスト教の福音を伝えることで魂を救いたいと願っている。この想いが、加代子さんが撫順と中帰連に関わり続ける原動力であり、キリスト教の信仰により撫順と中帰連に関わり続けているのだから、「受け継ぐ会」の活動をやめようと思ったことは一度もない。

万人坑訪問を模索し李秉剛《リビンガン》さんに出会う

二〇〇一年一二月に「撫順の奇蹟を受け継ぐ会・関西支部」を立ち上げ中国との関係を深めるうちに、二〇〇〇年に本多勝一さんの『中国の旅』に出会ったときから気になっていた大石橋の虎石溝万人坑のことが、加代子さんの心の中で大きな位置を占めるようになる。そして、万人坑に行ってみたい、万人坑を詳しく知りたいと心から思うようになり、万人坑を訪ねる訪中団を組織して万人坑の現場に行き、自分たちの目で現実を確かめようと決意する。

加代子さんは、「撫順の奇蹟を受け継ぐ会」の別の支部で会員になっている私（青木）が何カ所もの万人坑を既に訪ね歩いていることを知っていた。そして、万人坑に関わる書籍『偽満州国に日本侵略の跡を訪ねる』(注08)を二〇〇七年早々には出版することも分かったので、万人坑を訪ねる訪中団に解説・案内役として同行してくれないかと打診する。

しかし、一度目の打診では、専門家でも研究者でもないので、万人坑を案内したり解説したりすることはできないと断られた。それでもあきらめずに二度目の打診をすると、万人坑について詳しい中国人の研究者や専門家を探すよう助言というか提案され、私（青木）からは同行解説を再び断られる。

こうして、万人坑を訪ねる訪中団の実現を模索している二〇〇七年に、「受け継ぐ会・関西支部」第四次訪中団で遼寧省瀋陽の九・一八記念館を訪れ観覧したとき、館内の書籍売場で『万人坑を知る』(注09)という本を係員がなぜか差し出してくれた。日本語で書かれている『万人坑を知る』には、書名が示す通り、たくさんの万人坑について詳細に解説されている。それこそ探し求めている本だったので、その場ですぐに購入する。偶然がもたらしたこの「出来事」が、『万人坑を知る』の著者・李秉剛《リビンガン》さんと加代子さんを結びつける「運命の出会い」になる。

第四次「受け継ぐ会・関西支部」訪中団が帰国したあと、李秉剛さんが以前に教授を務めていた遼寧政治経済学院あてにさっそく手紙を出す。しかし、その手紙は宛先不明で返送されてきた。

それで、次に、『万人坑を知る』の出版社である中国瀋陽の東北大学出版社あてに手紙を出す。すると、嬉しいことに李秉剛さんから中国文の返信がすぐに返ってきた。それから連絡を取り合い、万人坑を訪ねる訪中団の構想を説明し、万人坑の解説・案内役として訪中団に同行してもらうことを相談するため、李秉剛さんが住んでいる遼寧省の瀋陽で直接会って話をすることになる。

そして、「受け継ぐ会・関西支部」第五次訪中団で二〇〇八年に瀋陽を訪れた折に、瀋陽市街の一等地にある旧奉天大和ホテル、現在の遼寧賓館（ホテル）で李秉剛さんと面会し、万人坑を訪ねる訪中団について相談する。

李秉剛さん(注10)は、中国共産党遼寧省委員会共産党幹部学校の教授を定年で退官したばかりだったが、おだやかで謙虚な人柄で、初対面の印象はとてもすばらしいと感じた。そして、共産党幹部学校教授を退官し時間をとれるようになっていた李秉剛さんが、万人坑を訪ねる訪中団の案内・解説役を引き受けてくれることになる。

李秉剛さんに瀋陽で初めて会った日の翌日に訪れた撫順で、加代子さんは、以前から親交があり信頼している撫順市社会科学院の傅波院長に李秉剛さんについて尋ねる。すると、傅波院長は李秉剛さんと親交があり、李秉剛さんは万人坑の研究では著名な学者で、万人坑を案内してもらうのであれば最適の人だと太鼓判を押してくれたので、加代子さんは大いに安心する。

「万人坑を知る旅」

加代子さんは、旅行会社に勤務し、国内外の旅行の企画や手配から添乗員として同行することまで含め全てを担当しているので、万人坑を訪ねる旅の企画や手配は自身の裁量で自在に進めることができる。万人坑を訪ねる訪中団の名称を、李秉剛さんの著書『万人坑を知る』の書名を借りて「万人坑を知る旅」とし、さっそく企画を立案し参加者を募集する。

そして、第一回「万人坑を知る旅」の催行が決定し、東北の遼寧省に現存する万人坑を訪ねる旅が二〇〇九年九月に実施される。加代子さんを含む参加者六名は、李秉剛さんの案内で、阜新炭鉱万人坑・北票炭鉱万人坑・大石橋マグネサイト鉱山万人坑・弓長嶺鉄鉱万人坑・本渓炭鉱鉄鉱万人坑を訪れて現場を確認し、撫順では平頂山惨案遺跡記念館と撫順戦犯管理所を訪問する。最後に訪れた瀋陽の九・一八記念館で、李秉剛さんの著書『万人坑を知る』を、今後の参考資料用としてまとめて大量に購入することもできた。

この第一回「万人坑を知る旅」で、日本の企業による強制労働が原因となり作り出された万人坑を加代子さんは初めて訪れ、日中一五年戦争時に中国本土で行なわれた強制労働の凄惨で理不尽な実態を思い知らされた。また、お互いに協力し合いながら旅を共にし、初めての「万人坑を知る旅」を無事にというか成功裏に終え、歴史を学びたいという姿勢の加代子さんを李秉剛さんが信頼してくれるようになる第一歩を踏み出せたのは大きな成果であり、それからの大切な財産になる。

なお、私（青木）も第一回「万人坑を知る旅」に参加し、李秉剛さんに初めて会った。そして、第二回以降も全ての「万人坑を知る旅」に参加することになる。
その後、「万人坑を知る旅」は、二〇一七年に実施された第八回までで当面の区切りをつけることになる。
それで、第二回から第八回までの「万人坑を知る旅」の要点をここでまとめておこう。

第二回、二〇一〇年九月、参加者九名、主な行き先は東北の吉林省

訪れたのは、石人炭鉱血泪山万人坑・遼源（西安）炭鉱万人坑・豊満ダム万人坑・平頂山惨案遺跡記念館・撫順炭鉱。他に、撫順戦犯管理所・東北抗日連軍記念館・偽満皇宮博物院など。

第三回、二〇一一年八月、参加者一二名、行き先は東北の黒龍江省

訪れたのは、東寧労工墳（東寧要塞万人坑）・鶏西炭鉱万人坑・鶴崗炭鉱万人坑。他に、趙尚志趙一曼記念館・綏芬河《すいふんが》・虎頭要塞・佳木斯《ジアムス》烈士陵園（緑川英子さんの墓）・七三一部隊罪証陳列館など。

第四回、二〇一二年八月、参加者一一名、行き先は東北の内蒙古自治区と黒龍江省北部

訪れたのは、ハイラル要塞沙山万人坑。他に、ノモンハン・孫呉《そんご》・勝山要塞・黒河要塞など。

第五回、二〇一三年九月、参加者八名、行き先は華北の山西省と河北省と天津市

訪れたのは、大同炭鉱万人坑・龍煙鉄鉱万人坑・承徳水泉溝万人坑・潘家峪《はんかよく》惨案埋葬地・塘沽《とうこ》集中営（強制収容所）万人坑・石家庄集中営万人坑・井陘《せいけい》炭鉱万人坑・銭家草惨案埋葬地。他に、天津市烈士陵園・冉《ぜん》庄《しょう》地道戦遺跡・華北軍区烈士陵園など。

第六回、二〇一四年一一月、参加者七名、行き先は華南の海南島（海南省）

訪れたのは、八所港万人坑・石碌《せきろく》鉄鉱万人坑・南丁「朝鮮村」千人坑・田独鉄鉱万人坑・陵水后石村万人

李秉剛さん（左）と野津加代子さん

坑・月塘村三月二一日惨案埋葬地・北岸郷六月一日惨案埋葬地。

第七回、二〇一六年一〇月、参加者一一名、行き先は華中の長江（揚子江）流域

訪れたのは、淮南《わいなん》炭鉱万人坑・南京虐殺埋葬地・廠窖虐殺埋葬地。他に、重慶（無差別爆撃）・常徳（細菌戦）・武漢（日本軍慰安所街など）など。

第八回、二〇一七年八月、参加者八名、行き先は東北の遼寧省で再訪

訪れたのは、阜新炭鉱万人坑・北票炭鉱万人坑・大石橋マグネサイト鉱山万人坑・弓長嶺鉄鉱万人坑・本渓炭鉱鉄鉱万人坑・新賓北山万人坑・撫順炭鉱万人坑・金州龍王廟万人坑・旅順万忠墓・平頂山惨案遺跡記念館。他に、瀋陽・撫順戦犯管理所・旅順監獄など。

こうして、「万人坑を知る旅」は八回実施された。そのうち、第三回と第四回を除く残りの六回は、李秉剛さんが全て同行し解説役を務めてくれた。しかし、第三回と第四

回は、李秉剛さんが体調不良のため参加できなかったので、李秉剛さんの盟友である宋吉慶さんが同行し解説してくれている。宋吉慶さん[注11]は、東寧要塞をはじめとする関東軍要塞群などの研究で著名な歴史研究者であり、東寧県文物管理所の所長を二〇〇九年に定年退官したあと、ハルピン市社会科学院に招聘され、七三一研究所などで特聘研究員として活躍を続けていた人だ。

それで、李秉剛さんが共産党幹部学校の教授を定年で退官した後の二〇〇九年に第一回を始めてから約一〇年が過ぎ、「万人坑を知る旅」からそろそろ引退したいという李秉剛さんの意向があり、遼寧省を訪れた二〇一七年の第八回が、李秉剛さんが同行してくれる最後の「万人坑を知る旅」になる。

李秉剛さんの「万人坑を知る旅」からの引退を受け、これまでお世話になったことへの感謝と慰労という趣旨で、李秉剛さんを招待し、日中戦争における加害の跡と共に有名な観光地も巡る「李老師と巡る平和学習と観光の旅」を計画する。そして、李秉剛さんの意向（願い）を受け、行き先を南方の西南地域とした。

二〇一九年二月に実施したこの中国の旅では、一般の人たちや観光客にとってはパンダ専門の楽しい動物園ということになる四川省成都の熊猫（パンダ）繁育研究基地を訪ねたり、古い時代の美しい街並が残る成都の寛窄巷子《クアンザイシアンズ》や雲南省騰沖の和順僑郷をゆっくりと散策したりし、李秉剛さんと九名の参加者がお互いに慰労し合うというようなことになった。

しかし、日中戦争に関わる史跡を訪れ歴史を直視することが二〇一九年の旅の主たる目的であることは、それまでの「万人坑を知る旅」と同じであり、援蒋ルート[注12][注13]（滇緬《てんめん》公路）をめぐる日本と中国の攻防の舞台となった雲南省西部のビルマ（ミャンマー）国境地帯に行き、騰沖（騰越）・拉孟（松山）・龍陵・芒市に残されている史跡を数日かけて訪ね歩いた。他に、四川省大邑《だいゆう》県にある建川博物館も参観している。

李秉剛さんといっしょに訪ねた万人坑の中で、加代子さんにとって印象が最も深いのは、二〇〇九年に訪れた弓長嶺鉄鉱万人坑だ。弓長嶺の三道溝万人坑では、一九九〇年代に建て替えられた二棟の遺骨保存館の中に、弓長嶺鉄鉱の強制労働による犠牲者の大量の遺骨が文字通り山積みになっている埋葬地が、それぞれ「千人坑」「万人坑」と名付けられ保存されている。しかし、この二棟の遺骨保存館や煉人爐《れんじんろ》（死体焼却炉）など関連の施設を管理していた会社が倒産すると、「千人坑」「万人坑」などの面倒をみる人が誰もいなくなり、二棟の遺骨保存館の建屋も大量の遺骨も煉人爐なども放り出されたまま今にも朽ち果てようとしていたのだ。すぐ近くにある犠牲者の遺骨が、その地域の人々から無視されるように忘れ去られ、顧みられることもなく薄汚れたまま打ち捨てられている状況に心が痛むばかりだった。

弓長嶺鉄鉱万人坑の他に印象深い万人坑として加代子さんがあげるのは鶴崗炭鉱万人坑や本渓鉄鉱炭鉱万人坑だ。

あとは宣伝になり恐縮だが、第一回から第七回までの「万人坑を知る旅」の記録を、次に示す書籍（著者＝青木茂）に収録しているので参照してもらえればと思う。

第一回・第二回・第三回＝『万人坑を訪ねる――満州国の万人坑と中国人強制連行』緑風出版、二〇一三年

第四回＝『日本の中国侵略の現場を歩く――撫順・南京・ソ満国境の旅』花伝社、二〇一五年

第五回＝『華北の万人坑と中国人強制連行――日本の侵略加害の現場を訪ねる』花伝社、二〇一七年

第六回・第七回＝『華南と華中の万人坑――中国人強制連行・強制労働を知る旅』花伝社、二〇一九年

あと、第八回「万人坑を知る旅」の記録を本書に第七章として収録している。

39トラベル

野津加代子さんは、二〇〇五年五月からは旅行会社にずっと勤務し、いろいろな旅を企画し実施してきた。しかし、母・喜美子さんの逝去を機に、二〇一六年一一月に㈱みずほトラベルを退職し、自らが代表を務める39トラベルを二〇一七年に独立開業する。そして、撫順や万人坑やキリスト教に重点を置きながら、特徴のある旅を企画し実施している。ちなみに、39トラベルという会社名は、祝福の秘訣である神への感謝を意味する英語の言葉・「thank you」（サンキュウ）と、加代子さんの誕生日である三月九日に由来しているとのことだ。

第九回目以降の「万人坑を知る旅」では、李秉剛さんの同行解説は当面はなさそうだが、二〇二〇年の初頭から世界中で大流行している新型コロナウィルスによる肺炎騒動が収まったら、広州の万人坑や山東省の琵琶万人坑を訪れることを考えている。また、新しい記念館が建造されるなど大幅に改装され新たな展開を見せることになる北票や鶏西の万人坑と記念館を再訪することも検討している。さらに、李秉剛さんの「万人坑を知る旅」への復帰もあきらめてはいない。

また、「撫順の奇蹟を受け継ぐ会・関西支部」訪中団は、二〇一九年に第八回を実施したあと、二〇二〇年三月に予定していた第九回は、新型コロナウィルスによる新型肺炎が大流行したので中止せざるをえなくされたが、こちらもずっと続ける予定だ。

アメリカのシアトルで暮らしている一九九三年に洗礼を受けキリスト教徒になったが、日本に帰ってからの方が信仰が深まり、今は信仰が一番大切だ。また、今では中国に深い親近感があり、二〇一九年七月に香港で開催された、世界中の中華民族の魂の一致を願い世界各地からキリスト教信者が集い祈るギャザリング（賛美集会）にも参加したとのことだ。

「偽善者たち。あなたがたは地や空の現象を見分けることを知りながら、どうして今のこの時代を見分けることができないのですか。」「また、なぜ自分から進んで、何が正しいかを判断しないのですか。」（新約聖書ルカの福音書一二章五六節・五七節）という聖書の言葉に導かれ「撫順の奇蹟を受け継ぐ会」の活動を始めた加代子さんは、過去の日本の侵略と加害に関わる史実を伝え日中友好と不戦平和を求め続けた中帰連の活動と精神を受け継ぐことを、活動を始めてから二〇年近くたった今も続けている。それをしたいという想いが本人にあり、人や物など必要となる周囲の環境が整い、その事について心に平安がある、つまり神の御心《みこころ》があるという三つの条件がそろえば迷いなく行動するのであり、「撫順の奇蹟を受け継ぐ会」の活動は神の御言葉に導かれ信仰として実践しているので、「頑張る」や「頑張って」という言葉は使わないし、この道から逃げることもないと思っている。

そんな加代子さんは、本章の冒頭に記したように、今の日本で最も数多く万人坑を訪ね歩いている人ということになるのではないかと私（青木）は思っている。そして、これからも万人坑を訪ねて歩き続け、中国人強制連行・強制労働の凄惨な史実を伝え続けるのだろう。

第六章　注記

（注01）中国帰還者連絡会については次の資料などを参照
中国帰還者連絡会・新読書社編『侵略——中国における日本戦犯の告白』新読書社、一九五八年初版、一九八二年新版、一九八四年新版増補
中国帰還者連絡会編『私たちは中国でなにをしたか——元日本人戦犯の記録』新風書房、一九九五年
中国帰還者連絡会訳編『覚醒-撫順戦犯管理所の六年——日本戦犯改造の記録』新風書房、一九九五年
中国帰還者連絡会編『帰ってきた戦犯たちの後半生——中国帰還者連絡会の四〇年』新風書房、一九九六年
中国帰還者連絡会広島岡山支部編『転落と再生の軌跡——中国戦犯は如何に生きてきたか、中国帰還者連絡会広島岡山支部50年の歩み』私家本、二〇〇三年
星徹著『私たちが中国でしたこと—中国帰還者連絡会の人びと—増補改訂版』緑風出版、二〇〇六年

（注02）金源著『撫順戦犯管理所長の回想——こうして報復の連鎖は断たれた』桐書房、二〇二〇年

（注03）「高橋哲郎さんを偲ぶ会」実行委員会編『小異を残して大同につく——高橋哲郎さんの人生と中帰連』「高橋哲郎さんを偲ぶ会」実行委員会、二〇一八年

（注04）岩波書店『世界』編集長。次のものなど多数の著書がある。
熊谷伸一郎著『なぜ加害を語るのか——中国帰還者連絡会の戦後史』岩波書店、二〇〇五年
熊谷伸一郎著『金子さんの戦争——中国戦線の現実』リトルモア、二〇〇五年
熊谷伸一郎著『「反日」とは何か——中国人活動家は語る』中央公論新社、二〇〇六年
熊谷伸一郎編『私たちが戦後の責任を受けとめる30の視点』合同出版、二〇〇九年

（注05）季刊『中帰連』は、中国帰還者連絡会が季刊で発行している機関誌で、一九九七年に第一号が発行された。その後、二〇一八年までに六三号が発行されている。

（注06）本多勝一・長沼節夫著『天皇の軍隊』文庫版、朝日新聞社、一九九一年、一六九頁
（注07）次の著書などがある。
井上俊夫著『従軍慰安婦だったあなたへ』かもがわ出版、一九九三年
井上俊夫著『八十歳の戦争論』かもがわ出版、二〇〇二年
井上俊夫著『初めて人を殺す――老日本兵の戦争論』岩波書店、二〇〇五年
井上俊夫著『詩集　八十六歳の戦争論』かもがわ出版、二〇〇八年
（注08）青木茂著『偽満州国に日本侵略の跡を訪ねる』日本僑報社、二〇〇七年
（注09）李秉剛著『万人坑を知る――日本が中国を侵略した史跡』東北大学出版社（中国‐瀋陽）、二〇〇五年
（注10）李秉剛さんは一九四八年生まれで、一九七五年に遼寧大学歴史学部を卒業する。一九八〇年に『東北抗日連軍闘争史』の編集に参加してからは東北地方史の研究に没頭し、中国社会科学院中日歴史研究センターで「日本の中国東北地方労働者酷使の調査」を主宰した。そして、遼寧政治経済学院教授や中国共産党遼寧省委員会幹部学校教授などを歴任している。主著に、『万人坑を知る――日本が中国を侵略した史跡』・『私は地獄へ行ってきた――中国東北部、旧日本軍占領地区の生存労工の記憶』・『走过地獄‐日本侵華期間幸存労工的回忆』・『日本在東北奴役労工調査研究』・『中国“特殊工人”――日軍奴役戦俘労工実態』・『日本侵華時期遼寧万人坑調査』・『遼寧人民抗日闘争簡史』などがある。
（注11）宋吉慶さん。『東寧要塞』（黒龍江人民出版社、二〇〇二年）の著者（共著）。徐占江・李茂傑編『日本関東軍要塞（上・下）』黒龍江人民出版社（中国‐ハルピン、二〇〇六年）の副主編としても活躍している。
（注12）遠藤美幸著『「戦場体験」を受け継ぐということ――ビルマルートの拉孟全滅戦の生存者を尋ね歩いて』高文研、二〇一四年、六九頁
（注13）品野実著『異域の鬼――拉孟全滅への道』谷沢書房、一九八一年、三四頁

第七章　遼寧省の万人坑を訪ねる

前章（第六章）で、野津加代子さんと「万人坑を知る旅」について紹介した。それに続けて本章で、八回目となる二〇一七年の「万人坑を知る旅」の様子を紹介する。

その第八回「万人坑を知る旅」は、指南役である李秉剛さんの研究者としての活動の本拠地であり、二〇〇九年の第一回でも訪ねた中国東北の遼寧省を八年振りに再訪することになる。いわば、「万人坑を知る旅」の原点に戻るという位置づけになるのだろう。

さて、第八回「万人坑を知る旅」には私（青木）を含む八名が参加し、二〇一七年八月二四日の午後一時に関西空港を出発する中国南方航空機で、遼寧省の省都である瀋陽に向けて飛び立つ。そして、午後三時（これ以降は中国時間）に瀋陽空港に到着し、この日の宿舎となる遼寧賓館（ホテル）に空港から直行する。瀋陽市街の一等地にある遼寧賓館は、一九二九年竣工の旧奉天大和ホテルの重厚な建物をそのまま踏襲するホテルだ。

遼寧賓館でしばらく休憩したあと、その日の夕刻に、瀋陽市街にある食堂で李秉剛さんと再会する。そして、お互いに元気に過ごしていることを確かめ合い、夕食を共にしながら翌日からの予定を確認する。

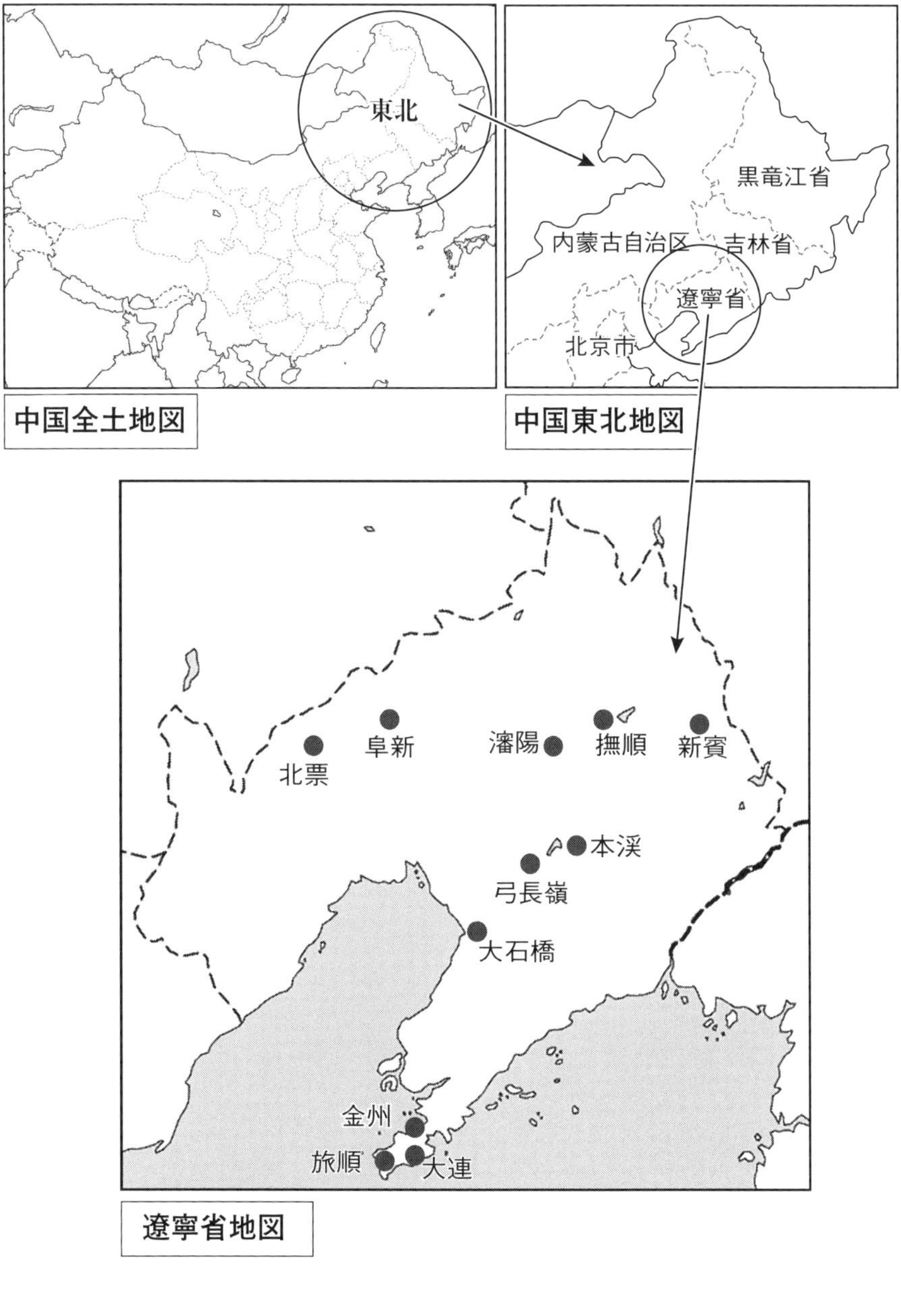
東北
中国全土地図
黒竜江省
内蒙古自治区
吉林省
遼寧省
北京市
中国東北地図
阜新
北票
瀋陽
撫順
新賓
本渓
弓長嶺
大石橋
金州
旅順
大連
遼寧省地図

次の日から私たちは遼寧省で本格的に活動を始めるが、初めて遼寧省を訪ねた第一回「万人坑を知る旅」の記録は、拙著『万人坑を訪ねる――満州国の万人坑と中国人強制連行』（注01）に収録している。それで、本稿では、再訪となる万人坑については、前回の二〇〇九年の訪問時からの変化を主に簡略に紹介し、今回初めて訪れる万人坑を少し詳しく紹介するということにしたい。

阜新炭鉱万人坑

訪中二日目となる八月二五日の朝七時に、瀋陽市街にある遼寧賓館を出発し、高速道路を利用して阜新炭鉱万人坑に向かう。そして、瀋陽から阜新に向けて西方に走る快適な大型観光バスの車中で、今回の「万人坑を知る旅」に関わるいろいろなことを李秉剛さんが話してくれる。その中で改めて説明を受けた阜新炭鉱と万人坑について、ここで簡単に確認しておこう。

一九一八年に南満州鉄道株式会社（満鉄）は、阜新にある二六カ所の石炭鉱床の開発権（採掘権）を、中国人売国奴の名義で手に入れる。その後、一九三三年に日本が熱河省を占領し阜新を支配下に入れると、一九三六年一〇月に満州炭鉱株式会社阜新鉱業所を設置し、大規模な石炭採掘を本格的に始める。そして、一九三六年から一九四五年八月までの九年間に二五二八万トンの石炭を略奪し、労工として徴用した中国人のうち七万人を過酷な強制労働で死亡させた。七万もの遺体は、新邱《しんきゅう》・興隆湾《こうりゅうわん》・城南《じょうなん》・五龍南溝《ごりゅうなんこう》・孫家湾《そんかわん》などに捨てられ、満炭墓地と呼ばれる人捨て場（万人坑）が阜新の各地に作られた（注02）（注03）（注04）。

さて、瀋陽から阜新に向かっていた私たちは、阜新孫家湾万人坑の現地に開設されている阜新万人坑死難

阜新万人坑死難鉱工記念館
死難鉱工遺骨館に保存されている万人坑発掘現場

鉱工記念館に一〇時ちょうどに到着する。その事務棟の前で、二〇〇九年に私たちが初めて訪れたときは館長として迎えてくれた趙春芳さんと、新館長に就任している張宝石さんのほか大勢の記念館の職員が迎えてくれる。そして、一通りの挨拶を済ませたあと、観光地や遊園地にあるのと同じような一〇人乗りくらいの電動車に分乗し、記念館の広い構内を案内してもらう。

それで、阜新万人坑死難鉱工記念館は二〇一五年に大規模に拡張・改修されていて、二棟ある遺骨館の建屋や、中央の丘の上に立つ巨大な記念碑や広大な庭園などほとんどの施設が全面的に刷新されている。さらに、以前は無かった巨大な陳列館（資料展示館）が新たに建設され公開されている。

縦一五メートル・横五メートルほどの万人坑発掘現場が二カ所保存されている死難鉱工遺骨館の建屋は大幅に拡張され、犠牲者を追悼する特別の部屋も新たに設置されている。遺骨館内にある二カ所の万人坑発掘現場と犠牲者の遺骨自体は以前から保存されているのと同じものだが、新たに作られたガラスの部屋で全体が密閉され、完全な空調の下で万人坑発掘現場と犠牲者の遺骨が保全されるようになっている。

逃走に失敗した特殊労働者が集団虐殺されまとめて埋められた現場（万人坑）を保存している抗暴青工遺骨館の建屋は、以前は、間口一〇メートル弱・奥行二〇メートル程の簡素な建物だった。しかし、二〇一五年の改修で大幅に拡張され、充実した資料室も併設される大きな近代的な建物に一新されている。その建屋内に保存されている縦二〇メートル・横二メートル程の万人坑発掘現場と犠牲者の遺骨自体は、以前から保存されているものと同じだ。しかし、万人坑発掘現場と犠牲者の遺骨は十分に大きなガラスの部屋で密閉され、死難鉱工遺骨館と同じように完全な空調の中で保全されるようになっている。遺骨館が改修される以前であれば、手を伸ばせば遺骨に触れることができたが、新しい施設ではガラス室内に密閉され、参観者から完全に分離されている。

阜新万人坑遺跡陳列館は、全くの新設になる巨大な資料展示館だ。この新しい陳列館は、以前の記念館の正面入口の外に建設されているので、記念館の敷地自体が実質的に拡張されたことになる。

その陳列館の展示は、第一展示「東北侵攻・資源略奪」、第二展示「血なまぐさい採鉱、極悪非道」、第三展示「血を浴びて暴政に抗う。すさまじい気迫」、第四展示「歴史を鑑とし中華を振興する」という四つの主題に分け、それぞれの主題毎にまとめられている。そして最後に、阜新万人坑記念館を訪れた人や団体の記念写真が幾つか掲示されている。そこに、第一回「万人坑を知る旅」とJR東海労働組合新幹線関西地本の第一二回中国平和研修団の記念写真が大きな扱いで掲示されているのは嬉しいことだ。

八年振りに訪れた阜新万人坑記念館で、前館長の趙春芳さんと再会し、新館長の張宝石さんと初めて会って歓待してもらい、なごりは尽きない。しかし、この日は北票まで行くことにしているのであまり長居はできず、一二時一五分頃に記念館をあとにする。

北票炭鉱万人坑

八月二五日の一二時一五分頃に阜新を出発し北票に向かった私たちは、午後三時三〇分に、北票インターチェンジを出たところで、北票市死難鉱工記念館前館長の劉鵬遠さんとお連れ合いに再会する。そして、劉鵬遠さんが運転する自家用車に先導され、北票の台吉南山万人坑に向かう。余談だが、劉鵬遠さんの自家用車は、八年前は、日本の軽自動車より一回り小さい小型の三輪自動車だった。しかし、新しい自家用車は、カローラくらいの大きさのピカピカの四輪車に変わっている。

それはそれとして、北票市死難鉱工記念館の、八年前の二〇〇九年の訪問時からの一番大きな変化は、資料館などの施設を一新し新しい記念館として拡張・刷新されることが決定し、新記念館の建設工事が開始されていることだ。北票の市街地を通り抜け記念館のある山に近づくと、記念館の敷地のあたりに建設工事用の巨大なクレーンが設置されているのが、遠くからでも見える。そして間もなく、午後三時四五分に北票市死難鉱工記念館に到着する。

この北票鉱工記念館も「万人坑を知る旅」として再訪になる。それで、とりあえず、北票炭鉱と万人坑について簡単に確認しておこう。

一九三一年に東北（「満州」）侵略を公然と開始した日本は、一九三三年に熱河省を占領し、北票炭鉱も支配する。そして、一九三三年六月から一九四五年八月までの一二年の占領期間中に、六三平方キロの区域で石炭八四二万トンを略奪し、採炭作業などの強制労働で三万一二〇〇人の中国人労工を死亡させた。犠牲者の多くは華北の山東省から連行されてきた人で、そのうち一九四二年から一九四三年頃に連行されてきた人は九三パーセントが死亡している。そして、冠山《かんざん》・北壁外《ほくへきがい》・三宝《さんぽう》・城子地《じょうしち》・台吉南山《だいきちなんざん》の五カ所に大規模な万人坑が作られた。一九六七年に北票鉱務局が、台吉南山万人坑の大規模な発掘調査を行ない、二五・五アールの山腹で六五〇〇柱の遺骨を確認し、そのままの状態で保存した。台吉南山万人坑には一万体（柱）以上の遺骨が埋められていると推定されている。（注05）

さて、二〇〇九年に私たちが訪れた時には、北票鉱工記念館の中心にある広場の中央に巨大な記念碑が建立されていて、その脇に資料館が開設されていた。しかし、資料館とは言うものの、間口二メートル・奥行二〇メートル・高さ三メートル程のその建屋は、（失礼な言い方で申し訳ないが）今にも壊れそうな手作りの掘立小屋という感じのものだった。

その古い資料館と記念碑は既に取り壊されていて、そこに新しい資料館の建設が進んでいる。その新資料館は、柱と屋根と床の基本的な骨格部分まで建設が進んでいる状態だ。その建屋のおおまかな形状は、ドーナツを二つに割ったような感じの半円形であり、中央部が三階建てで、翼のような二階建ての建屋が左右に丸く延びているというような様式だ。そして、とにかくでかい（大きい）。以前の「掘立小屋」とは比べようもない、巨大で充実した近代的な資料館になるのだろう。

また、犠牲者の遺骨が大量に捨てられた「万人坑の谷」の下流の方に、新しい記念碑の土台部分の建設が進められている。これも、相当に大きな土台であり、その上に、高さ三二メートルの巨大な記念碑が建立さ

劉鵬遠さん（左）とお連れ合い
北票の新記念館の完成予定図を見せてくれる。

れるとのことだ。三二メートルもの高さの記念碑など他のどこでも見た記憶はない。

その新しい記念碑などが本物の写真のように描かれている色刷りの完成予定図を劉鵬遠さんが見せてくれた。それを見ると、新しい記念館は、敷地自体が現在よりも大幅に拡張され、近代的なすばらしい施設に生まれ変わるようだ。

しかし、この時点で建設が進んでいるのは、半円形のドーナツ状の資料館と「万人坑の谷」の下流の記念碑だけであり、万人坑発掘現場を保存している排列型《はいれつがた》屍骨房《しこつぼう》と人《じん》窖型《こくがた》屍骨房《しこつぼう》の建屋や、「万人坑の谷」に捨てられ解放後に収集された数えきれないほどの犠牲者の遺骨を保存している遺骨保存館や、犠牲者の遺体を焼却した死体焼却炉を保存している建物などは以前のままだ。

北票鉱工記念館のもう一つの大きな変化は、この年（二〇一七年）の四月に劉鵬遠さんが記念館館長を定年で退官したことだ。しかし、退官したとはいえ、新しい記念館の建設が始まっているので、劉鵬遠さんは顧問というような形で記念館に残り、新記念館の建設に全力を傾注している。

北票市死難鉱工記念館前館長の劉鵬遠さん
排列型屍骨房内に保存されている万人坑発掘現場で、それぞれの遺骨の特徴を説明してくれる。

そして、新しい館長には、劉鵬遠さんの長年の盟友である顧風榮さんが五月から就任している。長年にわたり劉鵬遠さんをたった一人で支えてきた顧風榮さんは、新館長に一番ふさわしい人だ。

ところで、李秉剛さんが北票炭鉱万人坑を初めて訪れたのは、大学一年で歴史学を専攻していた一九七二年のことだ。そのあと、李秉剛さんが劉鵬遠さんと初めて出会うのは、一九九九年に北票炭鉱万人坑を学術調査で訪れた時だ。そのとき、劉鵬遠さんは既に館長に就任していた。また、同じ時に李秉剛さんは顧風榮さんにも会っている。当時、顧風榮さんには小さな男の子がいた。そして、その子が今（二〇一七年）では二五歳の青年になっているとのことだ。

北票市死難鉱工記念館を一通り確認したあと、午後五時四〇分に記念館を出発し、劉鵬遠さんの案内で北票市街に行き、日本軍のトーチカの一つをまず確認する。石とセメントで固められているそのトーチカは、直径五メートル・高さ四メートルほどの円筒形で、「景泉商店」という派手な看板を掲げる小売商店の建物に連結されている。かつてのトーチカも、「景泉商店」の倉庫として今は利用されているようだ。これ以外にも幾つものトーチカが北票市内に残されている。

次に、「満州国」時代に北票炭鉱を経営していた会社が人事部事務所として使用していた建物を確認する。それは、相当に大きくて立派な平屋の建物だが、今は廃屋となり利用されていないようだ。

この日の夜は、劉鵬遠さん夫妻と顧風榮さんを招待し、市内の食堂で夕餉の宴席を設ける。そして、思い出話や現在と将来のことなど色々な話に花を咲かせ、楽しい一時を過ごす。

（注）劉鵬遠さんは、新記念館は二年後（二〇一九年）くらいには竣工すると話していた。しかし、その後、北票万人坑の新記念館建設に対し、上級機関（政府）の間で意見の対立があったようだ。詳しいことは承知していないが、二〇一九年の時点で建設工事は中断されていて、新記念館の竣工の見通しは不明のようだ。

大石橋マグネサイト鉱山万人坑

訪中三日目の八月二六日は、北票市街にあるホテルを午前七時四〇分に出発し、昼食の休憩も含めて約七時間かけ、午後二時半頃に大石橋の虎石溝万人坑記念館に到着する。私にとっては、二〇一二年に訪れて以来（第五章参照）五年振りの、「万人坑を知る旅」としては八年振りの虎石溝記念館だ。

大石橋マグネサイト鉱山万人坑と虎石溝万人坑記念館については本稿で既に詳しく紹介しているのでここでは詳述しないが、マグネサイト鉱山と耐火煉瓦製造工場の強制労働で一万七〇〇〇人の中国人労工が死亡し、虎石溝万人坑など三つの主要な万人坑が大石橋に残されている。(注06) ちなみに、李秉剛さんが初めて目にした万人坑は大石橋の虎石溝万人坑で、高校生だった一九六六年のことだ。

さて、虎石溝記念館の正面入口がある前庭に五年前にはズリ（廃石）を流れ込ませていた隣接地の巨大なズリの山は撤去されていて、記念館の周囲のわずかな一画だけは、元々の樹林や草原に戻されているようだ。それはそれとして、私たちが到着した時には、記念館の入口に鍵がかけられ閉鎖されている。記念館に到着してから鍵がかけられていることに気づきしばらくウロウロしていると、記念館の近くに住んでいる管理人が鍵を持って歩いてやってきて、入口の鍵を開けてくれた。

記念館の建屋内に入り万人坑発掘現場を確認すると、犠牲者の遺骨は白っぽくなっている。五年前は茶色がかった黒っぽい色だったので、防腐処置は適当な間隔で実施されているようだ。また、それぞれの遺骨についての説明は、以前の六種類から一〇種類に増えていて、一番から一〇番までの番号札が当該の遺骨にそれぞれ設置されている。記念館の運営にはそれなりに工夫が加えられているようだ。

しかし、万人坑発掘現場の遺骨が、赤青黄など七色の照明できらびやかに極彩色に照らし出されているのには違和感を覚える。私たちのために管理人がわざわざ照明を点灯させてくれたのだが、気楽に無邪気に楽しめばよい観光地や歓楽街ではないので、もう少し配慮してほしいと思う。

資料展示室には、二〇〇一年の「平和を考え行動する会」訪中団（本書第二章）、二〇〇九年の「万人坑を知る旅」（本書第六章）、何回にもわたるＪＲ東海労働組合の平和研修団（本書第四章・第五章）のそれぞれの訪問時の記念写真や資料が掲示されている。それはそれで嬉しいのだが、逆に考えると、大石橋に来て虎石溝万人坑記念館を訪れる人は、私が関わっている、あるいは知っている団体や人たち以外にはいないの

虎石溝万人坑記念館
極彩色に照らし出されている万人坑発掘現場と犠牲者の遺骨

かと思いたくもなる。

一方で、大石橋に行ったが、万人坑記念館は閉鎖されていて入場することができなかったという人の話を時々耳にする。また、虎石溝記念館に入館するにはどうすればよいのかという問い合わせもたまに届く。おそらく日本で一番有名な大石橋の万人坑でもこういう情況なのだ。大石橋市人民政府が虎石溝記念館をどのように運営しているのか詳細は知らないが、記念館の運営に対し中国政府と大石橋市政府に配慮を求めたいと思う。

午後三時二〇分に虎石溝万人坑記念館を私たちが退出すると、記念館に鍵がかけられ再び閉鎖された。

弓長嶺鉄鉱万人坑

訪中三日目の八月二六日の午後三時二〇分に大石橋を出発し弓長嶺に向かった私たちは、午後六時に弓長嶺の三道溝万人坑に到着する。弓長嶺も、「万人坑を知る旅」にとっては再訪ということになる。それで、弓長嶺鉄鉱では、日本の支配下に置かれた一九三三年五月から一九四五年八月までの一二年間に鉄鉱石一〇〇〇万トンが略奪され、一万二〇〇〇人以上の中国人労工が鉱山の強制労働により死亡した。この犠牲者の遺体は主に三道溝などに捨てられ万人坑が作られたが、遺体を捨てる場所が無くなると、死体焼却炉で遺体が焼却されている。(注07)

さて、八年前の二〇〇九年に「万人坑を知る旅」で初めて訪れたとき、三道溝万人坑を管理していた弓長嶺鉱業(会社)が倒産し面倒をみる人がいなくなってしまっていた三道溝万人坑の遺骨保存館などの施設は、見るも無残に打ち捨てられボロボロの状態になっていた。それが、今回はどうなっているのだろう。

幹線道路に一番近いところにある円形の屋外展示場は、遠目には八年前と同じように見える。しかし、展示場に弓長嶺愛国主義教育基地記念広場と新たに表示され、そこに掲示されている多数の写真や解説のパネルは新しく作り直されている。そして解説板には、「後世の人々に弓長嶺の血涙史を伝え、抗日戦争で犠牲になり殉難者となった同胞を深く偲ぶため、鞍鋼鉱業が『三道溝遺跡』を四回にわたり大規模に補修した」と記されている。

屋外展示場のすぐ先にある、犠牲者の遺体を焼却した煉人炉は、八年前はヤブの中に半分隠れていた。しかし、今回は、周囲の樹木や草が適当に刈り取られているようで、煉人炉の全貌を山道から確認することができる。

大量の遺骨が収集(埋葬)されている二カ所の大きな穴は「万人坑」・「千人坑」とそれぞれ呼ばれている。その二カ所の穴をそれぞれ保存している二棟の遺骨保存館の建屋は、八年前は、ほとんどの窓ガラスが割れていて、壁面もボロボロで無残な状態だった。一方、今回は、柱も壁も窓ガラスもきちんときれいに補修され、新しくなったガラス窓は頑丈な金網で全てが覆われている。

弓長嶺「万人坑」遺骨保存館
柱も壁も窓ガラスもきれいに補修されている。

しかし、新たに作りなおされた入口の扉には鍵がかけられていて建屋の中に入れないので、建屋内に保存されている大量の遺骨はガラス窓の外から覗き見ることしかできない。それで、遺骨保存館の中をガラス窓から覗くと、大量の遺骨の周りに、犠牲者を追悼する新しい大きな花輪がいくつも供えられているのが見える。犠牲者の追悼式が花輪を供えて行なわれているのだろう。

弓長嶺には夕刻に到着したので、あちこち見て回る間もないうちに陽が落ち、すぐに辺りは暗くなる。そんな頃に、「万人坑」や「千人坑」の辺りを外国人（日本人）がウロウロしているというので、近所に住んでいる年配の人たちが集まってくる。そして色々な話をしてくれる。このとき三道溝の人たちが口々に話してくれたことをまとめると次のようになる。

弓長嶺鉄鉱の鉱山（坑口）は、三道溝のすぐ近くにある。今は高齢になっている人たちが子どものころ、この辺りの山々のいたる所に遺骨がゴロゴロと大量に放置されていた。一万体（柱）以上の遺骨が散在していたと思われる。釘が刺さっている頭蓋骨もたくさんあった。この近くに住んでいる人は、そんな様子を皆が知っている。

一九六〇年代に遺骨を広範に拾い集め、大きな穴を掘りまとめて埋葬した。それで、あたりの山々から遺骨は無くなるが、大きな穴を掘った埋葬地には遺骨が山積みになる。それを雨ざらしのまま放置しておくのでは、犠牲になった同胞に申し訳ないと地元の行政区に訴え、収集された山積みの遺骨を保護する木造の板張りの小屋を一九六七年か一九六八年に建ててもらった。その板張りの小屋は、現在のレンガ造りの建物に一九九〇年代に建て替えられた。

そのあと、(弓長嶺鉱業が倒産し)三道溝万人坑の面倒をみる人がいなくなってしまい、遺骨を保存している建物と遺骨は放置されてきた。しかし、二〇一四年に(鞍鋼鉱業が)建物を修理し、窓のガラスを入れ替えて網を張り、きちんと保全するようになった。一方で、この辺りの山の奥の方や斜面には、今も遺骨がたくさん残されていることも分かった。

こんなことをいろいろと話してくれた三道溝の人たちと別れ、すっかり暗闇に包まれてしまった弓長嶺を午後七時頃に出発し、私たちは本渓に向かう。そして、午後八時過ぎに本渓に着き、市内の食堂で夕食を済ませたあと宿舎のホテルに入る。

本渓炭鉱鉄鉱万人坑

訪中四日目の八月二七日の午前八時半頃に、本渓駅の近くにあるホテルを出発し、本渓湖炭鉱仕人溝万人坑に向かう。「万人坑を知る旅」にとっては、本渓も再訪ということになる。その本渓炭鉱鉄鉱と万人坑について最初に簡単に確認しておこう。

日露戦争が終わった一九〇五年から日本は本渓に入り、本渓湖煤鉄公司（会社）が四〇年間も本渓の炭鉱と鉄鉱を支配する。そして、石炭二〇〇〇万トン・海綿鉄七〇〇〇トン・特殊鋼一万七〇〇〇トンを略奪するとともに、石炭採鉱などの強制労働で多数の中国人労工を死亡させた。一九〇五年から一九三一年までの本渓湖煤鉄公司の死者数は二八三七人、一九三一年から一九四五年までの本渓湖炭鉱の死者数は約一〇万人、本渓南芬廟児溝《なんふんびょうじこう》鉄鉱の死者数は約一万七八〇〇人、本渓製鉄所の死者数は約一万四〇〇〇人であり、死者数の合計は約一三万五〇〇〇人にもなる。

これらの遺体が周辺の各地に捨てられ、大規模な主要な万人坑だけでも六カ所が本渓に作られた。その六カ所は、仕人溝《しにんこう》・柳塘南天門《りゅうとうなんてんもん》・太平溝《たいへいこう》・月牙嶺矸石山《げつがれいがんせきさん》・本渓製鉄所第一工場・南芬廟児溝の万人坑である。（注08）

さて、この日は、結婚を祝う何組もの長蛇の車列が本渓市街を走行している。日曜日であり日柄も良いということで、結婚式がたくさん行なわれるのだろう。そんな本渓の街並や、道路脇の少し奥まったところにある一九三〇年代に作られた製鉄所の跡も眺めながら大渋滞の道路をノロノロと走行し、三〇分ほどで本渓湖駅の前に到着する。しかし、大規模な道路工事のため、二〇〇九年の訪問時に利用した登山道の入口には大型観光バスでは行けないようだ。そのため、本渓湖駅の近くにあるキリスト教会のすぐ脇にある別の登山道の入口に行く。

そこでバスを降り、仕人溝万人坑に向けて九時半頃に山道を歩いて登り始める。しかし、途中で道が分からなくなり、登山道の入口にいったん引き返す。そして、登山道の入口で仕人溝万人坑への道筋を確認していると、幸いなことに、近所に住んでいる何華珍さんという名前の中年の女性が案内してくれることになる。

本渓湖炭鉱仕人溝万人坑——肉丘墳
1942年に起きたガス爆発事故の犠牲者が埋葬された山中の集団墓地に追悼碑が建立されている。

それで、何華珍さんは、すぐ近くにある工場の管理人に工場の出入口の鍵をあけさせ、トロッコの古い線路が何本も敷かれているけっこう広い工場の構内を突っ切って山に向かう。工場内には、石炭を運搬するトロッコ式の小さな荷車や、遊園地にあるような小さな動力機関車や人員搬送車が置かれて（放置されて）いる。いずれも「満州国」時代から使われていたもののようで、既に錆びついて、かなりボロボロになっている。また、工場の構内には、かつて日本人が住んでいたという家も残されている。

そんな工場の構内を突っ切り、なだらかな山道を通り、肉丘墳《にくきゅうふん》とも呼ばれる本渓湖炭鉱仕人溝万人坑に一五分ほどで到着する。一九四二年四月二六日に起きた本渓湖炭鉱のガス爆発事故で死亡した中国人労工らを埋葬した集団墓地だ。そのガス爆発事故の犠牲者は一五〇〇人とも三〇〇〇人とも言われているが、定かではない。また、研修生として本渓湖炭鉱に来ていた日本人学生三〇人もそのガス爆発事故で死亡している。少し山の奥に入った、樹林に覆われる中にある仕人溝万人坑には、犠牲者を追悼する記念碑が建立されている。しかし、周辺には人影もなくひっそりとしている。
仕人溝万人坑の確認を終え、一一時頃に登山道の入口に戻る。そして、ちょっとしたお礼の品を何華珍さんに手渡して感謝の気持ちを伝え、私たちは本渓から瀋陽に向かう。

瀋陽

一一時頃に本渓を出発した私たちは午後一時頃に瀋陽に着き、市内の食堂で昼食を済ませる。そのあと、瀋陽市街に残されている幾つかの史跡を見て回る。このとき訪れたところを簡単に紹介しておきたい。

張氏師府――奉天系軍閥の首領であった張作霖と、張作霖の長男である張学良の官邸兼私邸。
皇姑屯事件現場――一九二八年六月四日に関東軍高級参謀の河本大作が張作霖を爆殺したところ。爆殺現場の近くに皇姑屯博物館が開設されている。
瀋陽特別軍事法廷旧祉――撫順戦犯管理所に収監されていた日本人戦犯のうち、旧日本軍関係者八名の裁判が一九五六年六月に、旧「満州国」関係者二八名の裁判が同年七月に行なわれた（注09）。
九・一八事変博物館――柳条湖事件（九・一八事変）の現場に開設されている巨大な歴史博物館。

この日の宿舎は、今回の訪中の第一日目にも利用した、旧奉天大和ホテルの建物をそっくり受け継いでいる遼寧賓館となる。

新賓北山万人坑

訪中五日目の八月二八日は、瀋陽の遼寧賓館を午前八時半に出発し、遼寧省の東部に位置する新賓満族自治県に向かう。前日までの訪問先は「万人坑を知る旅」としてはいずれも再訪ということになるが、これから向かう新賓は初めて訪れる地だ。その新賓までの長い移動時間を利用して、新賓と万人坑について李秉剛さんからバス車中で説明を受ける。この時に受けた説明と李秉剛さんの著書(注10)に基づき、新賓と万人坑について概要を確認しておこう。

清王朝発祥の地を襲った惨劇

遼寧省東部の山間地に位置する新賓の元の名称は興京といい、興京は清王朝発祥の地だ。古来、興京の人々には、団結して外敵に立ち向かう伝統があり、人々の心意気は高い。そして、興京から新賓という名称に変わるのは、中国が抗日戦争に勝利した後のことだ。

さて、時代が二〇世紀に移り、侵略者の日本による韓国併合が一九一〇年に強行されると、大勢の朝鮮族の人々が朝鮮半島から中国東北（「満州」）に移住してくる。そして、新賓（興京）でも、満州族や漢族の人々と朝鮮族の人々がいっしょに暮らすようになる。

その新賓で、柳条湖事件以降に、日本による東北（「満州」）侵略の被害を深刻に受けるようになると、抗日連軍や種々の義勇軍などによる抗日闘争が活発に展開されるようになる。すると、新賓の占領支配をもくろむ日本軍（関東軍）は、抗日連軍などの武装組織と戦闘を繰り返すとともに、抗日組織と一般民衆の結び付きを断ち切るため、元々の居住地から住民を追い出し集団部落に押し込めるなどの占領施策を強行する。そのため、農地など生きる手段と住む家を奪われ流浪させられた民衆は飢えと寒さに直面し、大勢が死亡する。そのようにして死亡した人は、日本軍により直接殺害された人の数より多い。

それで、統計によると、一九三一年の新賓全県の人口は三一万人だが、一九四五年には一一万人に激減している。日本が新賓を支配した十余年の間に減少した二〇万人のうちの相当数が、日本の侵略により理不尽な死を強いられた犠牲者だ。

この、膨大な数になる犠牲者の遺体を埋める（捨てる）ため、数多くの万人坑（人捨て場）が新賓に作られた。そのうちの多くが、県城と、比較的大きい郷や鎮の集落がある付近に分布している。新賓のこれらの万人坑は、炭鉱など鉱山がある地区に形成された、強制労働に起因する万人坑とは異なり、日本軍（関東軍）が抗日の軍民をほしいままに虐殺し続ける中で形成されたものだ。

その中で規模が最も大きいのは、当時の県公署と県警察局に近い北山の麓の窪地に作られた北山万人坑だ。犠牲者の遺体の新賓における最大の処分場（人捨て場）である北山万人坑は、同時に、抗日の軍民を虐殺した処刑場でもある。当時の日本軍は、北山山麓の処刑場にある楡（ニレ）の大木に、処刑した人々の頭（首）を吊り下げ見せしめとし、新賓の人々を脅かし服従させるのに利用した。

楡の古木と新賓北山万人坑

さて、午前八時半に瀋陽を出発した私たちは、一一時二五分に新賓インターチェンジで高速道路を降り、そこから一〇分ほどで新賓満族自治県档案館に到着する。この日は雨が降り続いている。

新賓は、中国の行政区分の中では数少ない満州族自治県の一つであり、人口は三〇万人ほどだ。その新賓の档案館で、新賓の文化行政を統括する部門であり地方史（誌）の編纂も行なっている新賓档案局の候雪峰局長が迎えてくれる。候雪峰局長は、李秉剛さんがかつて新賓で学術調査を行なっているときに世話になった研究者の後輩になる人だ。五四歳ということだが、童顔で年齢よりずいぶんと若く見える。

挨拶もそこそこに、雨が降り続く中を傘をさして档案館を出て、候雪峰局長の案内で歩いて北山万人坑に向かう。そして、狭い道路を三分ほど歩くと、丘（山）の上に向かう一直線の長い階段の上り口に着く。その長い階段の先に、大きな記念碑が建立されている公園があるが、北山万人坑とは特に関係のない記念碑のようだ。

それで、その長い階段を途中まで上がったところで右手のヤブの中にむりやり分け入ると、「満州国」時代に日本軍が、虐殺した中国人の頭（首）を吊り下げた楡《にれ》の古木が立っている。案内されなければ、ヤブの中のどこに楡の古木があるのか分からない。

その楡の古木を李秉剛さんが二〇〇三年に撮影した写真には、犠牲者の頭（首）を吊り下げた大きな鉄の輪と鉄クギ（かすがい）が幹に突き刺さったまま残っているようすが写っている。しかし、私たちが今確認しているその楡の古木（かつての大木）は、幹の上部が折れ大半が失なわれていて、既に枯れ果てている。その残された幹に鉄クギ（かすがい）の一部が残っているが、大きな鉄の輪は無くなっている。

楡の古木
虐殺した中国人の頭（首）を吊り下げた（李秉剛さん撮影、2003年）。

楡の古木を確認したあと、ヤブの中から抜け出して元の狭い道路に戻り、少し先に進む。そして、一〇メートルくらいの段差がある道路脇の左手の小高いところに上がると、数軒の民家と狭い畑がある。その畑の辺りから先の、ヤブに覆われる広い範囲が北山万人坑だ。北山万人坑の現地に立った私たちに候雪峰局長が次のように説明してくれる。

新賓では一九六〇年代に万人坑の発掘や調査が広範に行なわれた。私たちが今立っている畑のすぐ先の少しくぼんだ所は、二〇〇体（柱）余の遺骨が発見されたところだ。その二〇〇柱余の遺骨は、一九六四年に陳列館を建てて展示されたあと、元の場所に再び埋め戻された。そのとき陳列館として利用された建屋が、私たちのすぐ背後にある数軒の民家のうちの一軒だ。

新賓のいたるところで日本軍により虐殺が行なわれた。そして、朝鮮人も虐殺の実行者にされた。たとえば、朝鮮人の金某は残忍な人物で、処刑される中国人が十数名まとまらなければ太刀を抜かず、人数が足りなければ無

新賓北山万人坑
畑の辺りから先の、ヤブに覆われる広い範囲が北山万人坑だ。

辜の農民を加えて虐殺を実行したと伝えられている。また、大型の西洋犬がたくさんいて、抗日運動で捕まえられた中国人を襲わせ、中国人の肉を西洋犬に食べさせた。

新賓には、主要な万人坑だけでも一〇カ所余が作られた。その中で規模が一番大きい北山万人坑には、一万人近くの犠牲者が埋められている。

北山万人坑の現場で候雪峰局長から説明を聞いたあと、ふたたび元の狭い道路に戻り、さらに少し先に進むと、右手に登山道の登り口がある。この登山道を歩いて数分登ると、新賓の市街地を見下ろすことができる山の上にでる。かつて新賓の人々が抗日闘争を宣言した山だ。その山の上に広い公園が整備されていて、「抗日英烈（英雄）記念碑」と刻まれる、見上げるほどに巨大な記念碑が建立されている。そして、その脇に、二人の英烈（英雄）の胸像が設置されている。二人の英雄は李春潤と李紅光で、抗日闘争を勇敢に闘う中で共に命を失くした。

山の上の公園から登山道の登り口まで戻ると、私たちの観光バスがそこまで迎えに来ていて、新賓市街にある

新賓北山の抗日英烈記念碑

新賓の市街地を見下ろすことができる山の上に建立されている。その背後に、李春潤と李紅光の胸像が見える。

食堂にバスで向かう。その食堂の前にある新賓職教中心（職業訓練所）の運動場で、中国軍が新兵の訓練を実施しているようだ。新兵が隊列を組み機械のように整然と行進するようすは、朝鮮人民軍兵士による閲兵式の行進を思い起こさせる。

候雪峰局長と昼食を共にしたあと、その食堂で候雪峰局長と別れる。そして、午後二時二〇分頃に新賓を出発し、一〇〇キロほど先の撫順に向かう。

撫順炭鉱の強制労働と万人坑

新賓北山万人坑の確認を終え撫順に向かった私たちは、この日の宿舎となる、撫順市街にある友誼賓館（ホテル）に午後四時二〇分頃に到着する。そして夕刻に、撫順市内にある食堂に行き夕食を済ませたあと、李秉剛さんを囲んで夜遅くまで勉強会を行なう。その八月二八日の勉強会での講義と李秉剛さんの著書『万人坑を知る』（注11）などに基づき、撫順炭鉱における強制労働と万人坑についてここでまとめておくことにしよう。

「帝国の宝庫」・撫順炭鉱

石炭の都として知られる中国遼寧省の撫順に、巨大な露天掘りで有名な撫順炭鉱がある。その撫順炭鉱の石炭を略奪するため、一九〇五年から一九四五年まで四〇年間にわたり日本が撫順を占領支配した。南満州鉄道株式会社（満鉄）が経営する撫順炭鉱の一九三六年の石炭産出量は九六二万トンに達し、これは、当時の東北（「満州国」）の産炭量の七七パーセント、中国全体の産炭量の三〇パーセントに相当する。そして、一九四五年までに二億トンの石炭を略奪し、撫順炭鉱は「帝国の宝庫」と称された。

労働資源の略奪

当時の炭鉱は採炭設備が貧弱なので、大量の石炭を産出するのに、大量の労工（労働者）を確保することが必要となる。撫順炭鉱においても、大量の労工を確保するため、撫順炭鉱を直接経営する満鉄と、「満州国」の軍事支配を担う関東軍と、東北を統治する「満州国」政府が夫々に手を尽くした。その、夫々の動きを順に確認しておこう。

まず、満鉄は華北に目を付ける。当時、華北の河北省や山東省では、自然災害や人的災禍のため生計を立てることができない人々があふれ、一九二〇年代の前後から毎年数十万人の規模で東北（「満州」）に出稼ぎに来て働いていた。満鉄はこれに目を付け、一九一一年三月には既に芝罘《しふ》（煙台）に労工募集所を開設している。さらに、一九一六年には、青島に労工募集所を開設したほか即墨《そくぼく》・済南・胶州などに駐在所を設置し、一九二〇年代には多数の労工募集所が各地に開設されていた。そして、労工募集所に雇われた漢奸（中国人売国奴）らが言葉巧みに話す嘘にだまされ労工募集に応じた人々は、撫順にやって来るとたちまち自由を奪われ、過酷な労働を強制されることになる。

関東軍は、東北（「満州国」）内で拘束し捕虜にした抗日組織の関係者らを一九三八年に初めて撫順炭鉱に連行し、特殊労働者（特殊労工）として強制労働させた。これは、日本が特殊労働者を使役する初めての事例になる。それ以降、特殊労働者が撫順炭鉱に続々と送り込まれた。

さらに関東軍は、一九四一年四月五日に華北軍と協定を結び、華北で集めた中国人を東北に連行し労工として活用することを決める。この協定に基づき、華北で拘束された一般民衆を含む多数の捕虜が特殊労働者として東北各地に連行された。そのうち撫順に連行された者は、一九四五年までに四万人余になる。特殊労働者に対する管理は厳重で、宿舎の周囲は鉄条網で囲まれ、作業現場への行き帰りは武装部隊が監視する。一九四二年七月には、警務隊・予備隊・労工補導班などの統治組織が整備された。

一方、「満州国」政府は、華北から連行してくる労工だけでは不足するため、「満州国」内での一般民衆の徴用を強化する。一九四一年には、住民を強制的に徴用する法律を制定し、指名する者を各現場に出頭させた。一九四二年五月二七日には国民勤労奉仕制創立要綱を制定し、二一歳から二三歳までの男子で兵役に就かない者を国民勤労奉仕隊に入隊させることを決める。勤労奉仕期間は三年間で延べ一二カ月とし、戦時には期間を延長するとされた。さらに、監獄と矯正補導院に収監している服役者も労工として徴用した。

強制労働による膨大な犠牲者

「満州国」内外から徴用した中国人労工に対し、撫順炭鉱の経営者である満鉄はファシズム支配を強行する。そして、劣悪な生活条件の下で過酷な労働を強制された中国人労工の多くが次々に死亡する。ところが、残虐で凄惨な強制労働と労工の死亡の実態を満鉄は隠蔽し、その事実を隠すため、日本の敗戦が決まると、関係者が撤退する前に大多数の資料を処分した。

しかし、一九〇七年から一九三一年までの、撫順炭鉱の労工の在籍人数・受傷者数・死者数は明らかにされている。(注12) それによると、一九〇七年から一九三〇年までの二四年間の死者数の合計は七一四三人であり、平均すると毎年三〇〇人弱（二九八人）が死亡している。それが、一九三一年になると一年間で三三四六人が死亡し、いきなり、前年までの平均死者数の一〇倍になる。柳条湖事件（九・一八事変＝一九三一年）を口実に東北（「満州」）侵略を日本が公然と強行する情勢の下で、撫順炭鉱においても、中国人労工に対する扱いが激変したのではないかと想像される。

一方、一九三二年の「満州国建国」以降については、正確な死者数などを私（青木）は把握できていない。しかし、一九五九年に遼寧省人民出版社から出版された『石炭の都-撫順』には、日本占領下の四〇年間における撫順炭鉱での中国人労工の死者数は二五万人から三〇万人だと記録されている。(注13) そうすると、一九三二年の「満州国建国」以降は、平均すると毎年二万人近くが死亡していることになる。柳条湖事件を経て「満州国建国」を強行し、日本が東北を完全に支配する体制の中で、中国人労工に対する扱いが一層理不尽かつ残忍になったのだろう。そのようにして生み出された大量の犠牲者の遺体が撫順の各地に捨て（埋め）られ、多数の万人坑（人捨て場）が形成された。

撫順に残された万人坑

一九七一年に撫順市階級教育展覧館が、撫順に残されている万人坑を広範に調査し、三六カ所の万人坑を確認した。その結果、有力な坑口（採炭場）で労工がたくさんいたところには、その全てに万人坑が存在することが明らかになった。一九七一年の調査当時は、強制労働を実際に強いられた被害者本人も含め、「満州国」時代の撫順炭鉱と万人坑の実態を知っている若くて（お年寄りも含めて）元気な人がたくさんいたので、正確な調査を実施することが可能だった。

それからおよそ三〇年後の一九九八年末から二〇〇〇年末にかけても調査が行なわれた。そして、一九七一年の調査で確認された三六カ所の万人坑のうち、勝利鉱の南にある劉山邱楼子や、老虎台鉱の南にある青草溝など規模の大きい八カ所の万人坑だけが調査され確認されたことが報告されている。一九七一年の調査からおよそ三〇年を経るうちに、都市開発や産業振興政策のため多くの万人坑が既に姿を消していたのだろう。

その二〇〇〇年当時の調査からさらに二〇年近くを経た現在（二〇一七年）では、東西の露天掘鉱が一層拡大し、撫順各地の開発や市街化が急速に進行するなどで、二〇〇〇年当時に調査され確認された万人坑も、そのほとんどが姿を消し確認できなくなっている。この現実は、取り返しのつかない本当に残念なことだ。しかし、撫順炭鉱の強制労働で二五万人から三〇万人もの中国人労工が死亡し数多くの（何十カ所もの）万人坑が形成されたことは、否定のしようもない厳然たる事実である。

撫順老虎台の万人塔と青草溝の万人坑跡

さて、訪中六日目の八月二九日は、李秉剛さんの旧知の盟友である撫順市社会科学院の傅波院長の案内で撫順の各地を巡る予定だ。私たちは八時三〇分に友誼賓館（ホテル）を出て、すぐ近くにある撫順炭鉱西露天掘鉱の東端に設営されている展望台に行く。そして、足下に広がる西露天掘鉱を見下ろしながら傅波院長が次のように説明してくれる。

この辺りは、撫順炭鉱の最初の坑口（採炭場）として一一三年前から採掘（採炭）が始まっている。最初は、三つの小さな坑口（採炭場）から採掘が始められ、その夫々の坑口の間を川が流れていた。やがて、大規模に採掘するため川の流れを人為的に変え、露天掘りが始まる。

露天掘鉱はどんどんと拡張され、撫順に作られた最初の日本人街を含む旧市街は、露天掘鉱に飲み込まれて完全に姿を消すことになる。そのため、撫順の旧市街に住んでいた人々は、現在の西露天堀鉱の右側（北側）に見える新市街にいっせいに移住した。

撫順炭鉱の拡大は解放後も続き、幾つかの露天堀鉱がつながり、やがて、長さ五キロ・幅約一キロ・深さ四〇〇メートルにもなる一つの巨大な穴になった。それが、今、私たちの目の前にある西露天堀鉱だ。このように拡大した西と東の露天堀鉱と、急激に進む新たな都市開発・市街地開発のため、撫順にあったほとんどの万人坑はつぶされてしまった。一九七〇年代に東公園の付近に建設された万人坑記念館も閉鎖されてしまっている。

撫順炭鉱は今でも操業中だが、昔に比べると産炭量はとても少ない。現在は、東露天堀鉱から出るボタ（廃石）を西露天堀鉱に運んで埋めている。こんなことを、西露天堀鉱を見下ろしながら傅波院長が話してくれた。

西露天堀鉱を展望したあと、平頂山惨案遺跡記念館に行く。友誼賓館と西露天堀鉱と平頂山記念館は近接しているので、それぞれの間の移動時間はものの二分か三分ほどだ。

それで、平頂山事件と記念館については、詳しい書籍などが大量に出版されているので[注14]本稿ではあえて説明はしない。とは言うものの、平頂山記念館内の展示に関わる私的な関心事だけを記しておくと、本書第一章で取り上げている本多勝一さんは、大きな顔写真付きで『中国の旅』と共に紹介されている。また、本書第二章で言及している大東仁さんの『お寺の鐘は鳴らなかった』と私（青木）の『日本軍兵士・近藤一——忘れえぬ戦争を生きる』[注15]が展示されているのは嬉しいことだ。

平頂山惨案遺跡記念館を参観したあと、東露天堀鉱の南側にある老虎台に向かい、現在も操業している老虎台炭鉱の事務所に一一時半に到着する。「老虎台鉱」という大きな表示（看板）がある正門の奥に、建屋全体をツタで覆われる旧い事務棟や新しい建物が建ち並び、背後の丘陵には、縦掘り鉱の地下の採炭現場と地上をつなぐ大型の昇降機を設置している縦坑櫓と思われる設備も見える。

さて、老虎台鉱の南側の、老虎台の炭鉱事務所から歩いてすぐに行けるところに、五階建てか六階建てくらいのアパートが建ち並ぶ団地（集合住宅地区）がある。

その団地の北側の端に、撫順炭鉱で死亡した労工を慰霊するとして「満州国」時代に日本人が建立した慰霊碑の跡がある。老虎台炭鉱から九〇〇メートルほど南の位置になるところだ。その慰霊碑の周辺は、炭鉱

撫順老虎台の万人塔跡
万人塔は文革時に取り壊されたので、土台の基礎部分しか残っていない。

で死亡した労工を埋めたところだったので、中国の人々は慰霊塔を万人塔と呼んでいた。しかし、万人塔は偽善のため建立されたものだという理由で文革時に取り壊されたので、その場所は、今は何もない草原になっていて、万人塔の土台の基礎部分しか残っていない。

一方、アパートが建ち並ぶ団地の南側を通る道路を境にして、その先（南側）に広大な窪地（低地）が広がっている。老虎台炭鉱から一三〇〇メートルほど南の位置になるあたりが、その窪地と団地のある敷地（高台）との境になり、二〇メートルから三〇メートルほどの段差がありそうだ。その広大な窪地が青草溝と呼ばれる低い土地で、万人坑にされたところだ。

老虎台炭鉱の元炭鉱長だった王金生さんは次のように証言している。当時、長屋の死んだ人は青草溝の溝に捨てた。毎日馬車で死体を運んで、一一人・一二人と捨てるのだ。死体に土をかけて埋めることはしないで、地面に放り出したままにしておくので、たくさんの野犬が死体を食べにきた。しばらくすると頭と胴体が離れ、スイカ畑のスイカの

傅波院長（左）と商さん

青草溝の万人坑跡を指し示しながら案内してくれる。

ように人の頭が青草溝に並んだ。

その当時は、青草溝がある一帯は樹林や雑草に覆われ、人が近づくこともなかったのだろう。しかし、今では開発が進み、大小の建物が建ち並んでいる。

しばらくすると、傅波院長が、この団地に住んでいる商さんという名のおじいさんを連れてきてくれる。商さんは八六歳で、現在は団地になっているところに一九五二年に転居してきた。そして、それ以来ずっとこの辺りに住んでいるので、解放から間もない頃のこの辺りの様子をよく知っている。

商さんは、団地の南側を通る道路の脇や、道路から見下ろす青草溝を指さし、この辺りやあの辺りやその辺りが万人坑だったと教えてくれる。しかし、商さんが指し示してくれる青草溝の低地には、少しばかりの草原や畑が残るほかは、たくさんの大小の建物が建ち並ぶばかりだ。必死に探し回れば万人坑の痕跡を見つけることができるのかもしれない。しかし、規模が大きい万人坑だと報告されている青草溝の万人坑跡にも、記念館はおろか小さな記念碑や追

青草溝の万人坑跡
少しばかりの草原や畑が残るほかは、たくさんの建物が建ち並ぶばかりだ。

悼碑の一つもないのが実情だ。

撫順市社会科学院の院長として撫順の歴史・地方史を統括する立場と地位にある傅波院長には、何年も前からいろいろな機会に、撫順炭鉱の万人坑を案内してほしいと要望してきた。そして今回やっとのことで初めて案内してもらったのが、この青草溝の万人坑跡だ。ようするに、撫順炭鉱の強制労働で二五万人から三〇万人もの中国人が犠牲になり、犠牲者の遺体を埋めた万人坑が数えきれないほど作られ、一九七一年の調査で三六カ所の万人坑が確認されているのに、現在では、たった一つの万人坑も残されていないのだ。

なんとも残念な悔しいことだと思う。この現実を中国の人たちはどう思っているのだろう。一方で、中国に関心を持つ日本人の多くが撫順で注視するのは平頂山事件と撫順戦犯管理所だ。日本人も中国人も撫順炭鉱にもっと注目すればよいのにと私は思う。

万人塔と青草溝の万人坑跡を確認したあと撫順市街に戻り、牛溢碗《ぎゅういつわん》（牛があふれるお碗＝牛肉が山盛りの丼という意味）という大きな看板を掲げる、傅波院長のお気に入りの食堂で昼食を食べる。日本でなじみの牛丼店と同じような店で、牛肉のたっぷり入ったスープと山盛りのごはんで一九元（約三〇〇円）だ。なかなか旨い。

昼食を済ませ「牛溢碗」食堂で傅波院長と別れたあと、この日の午後は撫順戦犯管理所を訪問する。戦犯管理所では、所長は出張で瀋陽に出かけていてこの日は不在ということで、日本語通訳担当の徐銘さんが所内を案内してくれる。所内にある野外舞台は最近復元されたもので、その野外舞台がある広場に梨の木が三本植えられている。そして、その梨の木にちょうど実がなっているので、実をもいで食べさせてもらう。徐銘さんによると、舞台から見て左側の奥にある梨の木の実が旨いとのことだ。その実を食べてみるとそこそこ旨いが、日本の普通の商店で売っている梨の方がやはり数段旨い。

それで、撫順戦犯管理所については、専門的な書籍などが膨大に出版されるなど既に詳しく紹介されているので、(注16)本稿では説明を省略したい。

撫順戦犯管理所を訪れたあと、撫順から瀋陽に向かう。そして、この日の宿舎となる瀋陽の遼寧賓館に一時間半ほどで到着する。

金州龍王廟万人坑

訪中七日目の八月三〇日は、九時六分に瀋陽駅を出発する高速鉄道で、大連市の北側に位置する金州区に向かう。金州も、「万人坑を知る旅」で初めて訪ねる地だ。

中国の高速鉄道はとても快適で、日本の新幹線に全く見劣りしない。朝鮮民主主義人民共和国のすぐ北側などを通る列車の車窓を楽しみ、列車内で昼食に温かい弁当を食べる。そして、午後一時一一分に金州駅に到着し、迎えの観光バスに乗る。金州龍王廟万人坑は、金州駅から近い周家溝南坂にあり、午後一時三〇分に金州龍王廟万人坑遺跡記念館に到着する。

記念館の入口に金州龍王廟万人坑遺跡と表示されていて、その入口の前で館長の陳志軍さんと職員が迎えてくれる。記念館を管理し運営しているのは大連市金州区文化局で、文化局の職員である陳志軍さんが記念館の館長を十数年来務めているとのことだ。

さて、記念館の入口がある手前側の棟に展示室が設営されていて、陳志軍館長の案内でさっそく展示を見て回る。展示室は幾つかに区切られていて、それぞれの区画（展示場）に写真や説明のパネルがたくさん掲示されている。その展示パネルを順々に指し示しながら陳志軍館長が龍王廟万人坑について説明してくれる。

展示室が設営されている手前側の棟の裏側に、中庭を挟んで奥側の棟があり、奥側の棟の中に万人坑の発掘現場が保存されている。その万人坑発掘現場の広さは縦十数メートル・横十数メートルほどで、深いところは数メートルほど掘り下げられている。そこに犠牲者の遺骨が大量に散乱している。それぞれの遺骨はバラバラになっていて、人の形を留めている遺骨はないようだ。

万人坑発掘現場を確認したあと、手前側の棟の中にある事務室に移動し、陳志軍館長が金州龍王廟万人坑について改めて説明してくれる。今回の訪問で陳志軍館長から受けた説明を基に、李秉剛さんの『万人坑を知る』(注17)などで補足しながら金州龍王廟万人坑についてここでまとめておこう。

金州龍王廟万人坑遺跡記念館
万人坑発掘現場に犠牲者の遺骨が散乱している。

関東軍第六九三部隊陸軍病院の建設と金州龍王廟万人坑

遼寧省大連市金州の龍王廟村で、関東軍第六九三部隊陸軍病院と周辺の関連施設および金州と各地を結ぶ道路や鉄道の建設工事が一九四二年五月から開始される。この、五年間の工期を予定する六九三陸軍病院と関連施設の建設工事に数万人の中国人が労工として徴用された。

金州に集められたのは、労働者緊急就業規則に基づき近隣地域で強制的に徴用され「勤労奉仕隊」などに組み入れられた人々を除くと、大部分は、華北の河北省や山東省などの遠方の人々であり、その中でも山東省の人が特に多い。彼らはいずれも、「東北（『満州国』）の生活は快適で、米や小麦の食事を毎日三回好きなだけ食べれる。賃金は一年に数百元で、郷里に送金することもできる」などという嘘に騙され、労工募集に応じたとたんに自由を奪われ金州に連行されてきた。

六九三陸軍病院と関連施設の建設は、関東軍第六九三部隊の土木建築事務所が主管する軍事関連工事であるため、労工の逃亡などは許されるはずもない。金州に連行されてきた労工たちは厳重な監視下におかれ、食事も睡眠も全てが厳しく規制される劣悪な生存環境の中で過酷な労働を強制される。そして、過労と飢えによる衰弱、劣悪な生活環境と非人間的処遇による病気や伝染病、頻発する事故によるケガ、残虐な拷問や体罰などの虐待により次々に死亡した。

日本の敗戦（一九四五年八月）により、六九三陸軍病院と関連施設の建設は未完のまま中止された。しかし、関連資料の記録によると、一九四二年五月から一九四五年八月までに六九三軍病院本体の建設工事に徴用され強制労働させられた中国人労工は一万四八二人であり、そのうち八〇〇〇人余が死亡している。犠牲者の遺体は、主に金州城北の周家溝一帯に捨てられ金州龍王廟万人坑が形成された。

金州六九三陸軍病院は細菌兵器の研究・製造施設か？

金州六九三陸軍病院は、長大な地下室を備える長さ五〇〇メートル余の多層階の巨大な施設であり、「アジア第一の長廊」と当時は称された。また、本棟建屋以外に、給水塔やボイラー室などの付属施設も備えている。

しかし、六九三陸軍病院の設計図や関連資料などは、日本の敗戦の直後に工事関係者らが撤収する際に、三日間かけて焼却されてしまった。そのため詳しいことは分からないが、毒ガス室ではないかと思われる「病室」など残された建物の調査と、当時の何人かの関係者の証言から、細菌兵器の研究や試験と製造のための秘密施設として六九三陸軍病院の建設が進められたのではないかと考えられている。

例えば、第六九三部隊の土木建築事務所で通訳として働いていた李徳一さんは次のように証言している。

「私（李徳一さん）が土建事務所で働いていたある日、日本人警備員の高橋某といっしょに酒を飲んだ。そのとき高橋は、『この病院の建設工事が完成すると、細菌（病原菌）試験場が整備されることになる。その目的は軍事用であり秘密の話だ』と私に話し、『この秘密を漏らせば斬首され殺される』と強調した。さらに、『陸軍病院の建設工事が完了すれば苦力《クーリー》（労工）は全員が殺される』と話を続ける。そして、『直ぐにここを立ち去れ。立ち去る時は十分に注意するように』と高橋は私に忠告した」。

それからすぐに李徳一さんは金州から逃げ出した。

金州龍王廟万人坑遺跡記念館

一九六〇年代に、当地の政府が広範な組織や人々に呼びかけ、金州龍王廟万人坑の発掘・調査と関連資料の収集・研究が行なわれた。

犠牲者の遺体が埋められた場所は金州城北の周家溝一帯に広範に存在し、金州龍王廟万人坑の主要部の面積は約三万平方メートルになる。万人坑で確認される遺骨のほとんどは青壮年の遺骨であり、あるものは頭骸骨が陥没し、あるものは首や身体にベルトが巻き付けられ、あるものは手足の骨が折れている。あがき苦しむ様子から、生き埋めにされた犠牲者の遺骨だと判断されるものも少なくない。

一九六〇年代に発掘調査された広範な万人坑は、そのあとほとんどが埋め戻された。しかし、六九三陸軍病院跡から一キロほど南に位置する金州新区周家溝南坂の発掘現場は、発掘したままの状態で保存されることになる。一九七〇年のことだ。そして、発掘現場をそっくり覆う建物の建設が進められ、金県（金州）龍王廟万人坑階級教育館として一九七二年に竣工し、大衆に公開された。階級教育館の当初の敷地面積は五〇〇〇平方メートル余であり、建物面積は一四〇〇平方メートル余になる。

金州龍王廟万人坑
1960年代に発掘調査が行なわれた（李秉剛さん提供写真）

金州龍王廟万人坑
1960年代の発掘調査で収集された頭骸骨
（李秉剛さん提供写真）

その後、一九八〇年代の、改革開放や経済発展を重視する社会情勢の下で龍王廟万人坑は人々から忘れられ、いつの間にか階級教育館は閉鎖されてしまう。教育館の建物がボロボロになっても、満足に補修することもできなかった。

しかし、抗日戦争勝利七〇周年を記念するため、竣工から四〇年余を経た階級教育館は、充実した資料館(展示場)を併設する新しい施設に生まれかわることになる。そして、二〇一四年に階級教育館は改築され、金州龍王廟万人坑遺跡記念館として一般に公開され現在に至っている。

新しい記念館の事務室で陳志軍館長から説明を受けたあと、最後に、陳志軍館長を囲んで記念写真を写す。陳志軍館長は私たちに詳しいことは何も話さなかったが、龍王廟万人坑が人々から忘れ去られた困難な時期に、おそらくたった一人で階級教育館と万人坑を必死になって守ってきたのだろう。その陳志軍館長に感謝の気持ちを伝え、午後三時頃に私たちは記念館を出発し旅順に向かう。

この日の宿舎となる大連市旅順のホテルには午後四時半頃に到着する。そのあと、夕食まで時間があるので、ホテルの周辺を散策する。中国海軍の軍港がホテルの目の前にあり、軍艦が何艘も係留されているが、軍に関連する施設の写真撮影は禁止されているとガイドさんから念を押されている。

旅順

訪中八日目の八月三一日は、朝八時半にホテルを出発し旅順の各地を巡る。旅順も、「万人坑を知る旅」

で初めて訪れる地だ。それで、この日の午前中に見て回ったところを簡単に確認しておこう。

日本関東軍司令部旧址――中国東北に最初に設立された関東軍司令部であり、重厚な雰囲気の当時の建物がそのまま残っている。関東軍司令部として使用された建物の近くには、中ソ友誼記念塔や、ロシア軍将校クラブとして利用された関東庁博物館旧址の歴史を感じさせる建物が当時のまま残されている。それらのいずれもが全国重点文物保護単位に指定されている。なお、関東軍司令部は、旅順から奉天（瀋陽）を経て最後は新京（長春）に移っている。

二〇三高地――旅順口の日露戦争遺跡として省級文物保護単位に指定されている。とてもきれいな公園に整備されているが、観光客の姿は全くなく閑散としていて、売店などは一つもない。二〇〇一年に私が訪れたときは、大勢の日本人観光客が来ていて、たくさんある売店や休憩所はいずれも大いに繁盛していた。しかし、その後、日本人観光客はほとんど来なくなったとのことだ。

旅順監獄――安重根が収監され処刑された監獄として知られていて、ロシアが建造した白壁の建物や、日本が建造した赤壁の建物や、処刑場などの施設も含め、当時のままの姿で残されている。また、処刑した収監者の遺体を埋めた埋葬地のようすが構内に復元されている。かつては、旅順は未開放地区であり、二〇三高地など一部の例外施設を除いて外国人は近づくこともできなかったが、数年前から外国人に開放されている。

旅順万忠墓

八月三一日の午前中に旅順の各地を巡り、昼食を済ませたあと万忠墓を訪れる。旅順大虐殺の犠牲者が埋められた万忠墓は、直径十数メートルの巨大な土饅頭で、白玉山の東麓に静かにひっそりとたたずんでいる。その隣に開設されている旅順万忠墓記念館（博物館）には、日清戦争当時の写真や遺品や解説パネルがたくさん展示されている。記念館の展示も参照しながら、日清戦争における旅順大虐殺と万忠墓についてここで簡単に確認しておこう。

日清戦争における旅順大虐殺と万忠墓

伝統的な宗主国として清国（中国）が強い影響力を持つ朝鮮を支配下に取り込むため日本が引き起こした侵略戦争を日清戦争（中国での呼称は甲午戦争）という。

一八九四年七月二五日に黄海上の豊島沖で清国の北洋艦隊を日本海軍が攻撃し、続けて、朝鮮に駐屯している清国軍に日本陸軍が奇襲攻撃して戦闘が始まる。そして、八月一日に日本と清国が共に宣戦布告し、日清戦争（甲午戦争）が「正式」に開戦する。

日本軍は、朝鮮国内の戦闘で清国軍を圧倒し、九月の黄海海戦にも勝利し、一〇月には、朝鮮と清の国境である鴨緑江を越えて清国内に進軍した。そして、一一月二一日に、遼東半島の先端に位置し北洋艦隊の基地となっている、戦略上の重要拠点である港町の旅順を日本軍が占領する。

白玉山の東麓にたたずむ万忠墓

1894年11月に日本軍が引き起こした旅順大虐殺で惨殺された中国軍民の骨灰が埋められている。

旅順を占領した日本軍は、占領当日の一一月二一日と、清国軍の組織的抵抗が既になくなっている翌二二日以降の三日間ないし四日間に、旅順市内と近郊で、清国軍の捕虜と旅順の一般住民を手当たり次第に虐殺した。犠牲者は、武器を放棄した清国軍の兵士（捕虜）が二五〇〇人、旅順の一般住民が一万八〇〇〇人にもなり、合わせると犠牲者は二万人を超える。

占領と大虐殺による騒動と混乱が鎮静化した後の一一月下旬から、旅順市街と近郊に放置されている犠牲者の遺体の処理を日本軍は始める。そして、気候が暖かくなり遺体が腐乱し始める前の一八九五年初頭に、白玉山の東麓、順山街の溝里、黄金山の東麓の主に三カ所に大量の遺体を集めて焼却し、それぞれの「墓」に骨灰を埋めた。そこには、「清国将士陣亡之墓（清国将士戦死者の墓）」と記す木製の碑が立てられ、女性や子どもを含む一般民衆の虐殺は隠ぺいされた。(注18)

日本軍が犠牲者の遺体を処理した主要な三カ所のうち、焼却された遺体の数が一番多いのは白玉山の東麓で、一八九六年に中国（清国）は白玉山東麓に墓碑と廟を建造し万忠墓と命名した。万忠墓に関わる廟などの施設は、それ以降に三回の修築を経たあと、旅順大虐殺から一〇〇年後の一九九四年に四回目の修築が行なわれる。同時に、旅順万忠墓記念館を新たに建設し、一一月二一日に甲午戦争（日清戦争）旅順殉難同胞百年忌が挙行された。その後、二〇〇六年に万忠墓は全国重点文物保護単位に指定されている。

万忠墓と記念館の参観で旅順巡りを終え、私たちは大連に移動する。そして、八回目の「万人坑を知る旅」としての活動は、この日が実質的に最終日になる。それで、この日の夕刻に、大連で有名な海鮮料理の店に行き、李秉剛さんへの御礼の宴席ということも兼ねて少々豪華な夕食を楽しむ。訪中九日目となる翌日の九月二日は、午前七時五五分に大連空港を飛び立つ中国南方航空機で関西空港に帰るだけだ。

今回の「万人坑を知る旅」では、阜新炭鉱万人坑・北票炭鉱万人坑・大石橋マグネサイト鉱山万人坑・弓長嶺鉄鉱万人坑・本渓炭鉱鉄鉱万人坑・平頂山惨案遺跡記念館を再訪し、二〇〇九年の第一回「万人坑を知る旅」で訪れたときからの大きな変化を確認した。また、「万人坑を知る旅」として今回初めて、新賓北山万人坑・撫順炭鉱万人坑・金州龍王廟万人坑・旅順万忠墓を訪ねた。

万人坑と、その背景にある中国本土における中国人強制連行・強制労働については、知らないことがまだ山のようにあるのだろう。だから、「万人坑を知る旅」の意義は高く、これからもずっと続けることになるのだろう。

第七章　注記

（注01）青木茂著『万人坑を訪ねる――満州国の万人坑と中国人強制連行』緑風出版、二〇一三年
（注02）李秉剛主編『日本侵華時期遼寧万人坑調査』社会科学文献出版社（中国-北京）、二〇〇四年、五五四頁
（注03）李秉剛著『万人坑を知る――日本が中国を侵略した史跡』東北大学出版社（中国-瀋陽）、二〇〇五年、七四頁
（注04）（注01）五五頁
（注05）（注02）五〇七頁、（注03）八〇頁、（注01）六八頁
（注06）（注02）三九九頁、（注03）五四頁、（注01）七六頁
（注07）（注02）四五一頁、（注03）六九頁、（注01）八二頁
（注08）（注02）三三一頁、（注03）四八頁、（注01）八七頁
（注09）大澤武司著『毛沢東の対日戦犯裁判――中国共産党の思惑と1526名の日本人』中央公論新社、二〇一六年
（注10）（注02）一六五頁、（注03）一八頁
（注11）（注02）二二一頁、（注03）四一頁
（注12）平頂山惨案遺跡記念館展示資料
（注13）（注02）二二三頁、（注03）四三頁
（注14）平頂山事件については次の資料などを参照
本多勝一著『中国の日本軍』創樹社、一九七二年、一二三頁
石上正夫著『平頂山事件――消えた中国の村』青木書店、一九九一年
本多勝一著『本多勝一集第14巻――中国の旅』朝日新聞社、一九九五年、一一〇頁・三五六頁

傅波・肖景全編『罪行罪証罪責――日本侵略者制造平頂山惨案専題』遼寧民族出版社（中国-瀋陽）、二〇〇二年
高尾翠著『天皇の軍隊と平頂山事件』新日本出版社、二〇〇五年
傅波編『２００５-２００６平頂山惨案研究』吉林大学出版社（中国）、二〇〇六年
青木茂著『偽満州国に日本侵略の跡を訪ねる』日本僑報社、二〇〇七年、八七頁
平頂山事件訴訟弁護団編『平頂山事件とは何だったのか――裁判が紡いだ日本と中国の市民のきずな』高文研、二〇〇八年
井上久士・川上詩朗編『平頂山事件資料集』柏書房、二〇一二年
（注15）青木茂著『日本軍兵士・近藤一――忘れえぬ戦争を生きる』風媒社、二〇〇六年
（注16）撫順戦犯管理所については次の資料などを参照
劉家常・鉄漢著『戦犯改造紀実』春風文芸出版社（中国-瀋陽）、一九九三年
新井利男・藤原彰編『侵略の証言――中国における日本人戦犯自筆供述書』岩波書店、一九九九年
新井利男資料保存会編『中国撫順戦犯管理所職員の証言――写真家新井利男の遺した仕事』梨の木舎、二〇〇三年
撫順戦犯管理所編『日本戦犯再生の地――中国撫順戦犯管理所』五洲伝播出版社（中国-北京）、二〇〇五年
青木茂著『偽満州国に日本侵略の跡を訪ねる』日本僑報社、二〇〇七年、一七八頁
岡部牧夫・荻野富士夫・吉田裕編『中国侵略の証言者たち――「認罪」の記録を読む』岩波書店、二〇一〇年
青木茂著『日本の中国侵略の現場を歩く――撫順・南京・ソ満国境の旅』花伝社、二〇一五年、二八頁
（注17）（注02）六四〇頁、（注03）一五八頁
（注18）（注02）四三頁、（注03）六頁

あとがき

万人坑に魅せられた三人の日本人

大石橋の万人坑を自身の目で確認するため、大学三回生時の夏休みに「一人旅」で中国の大地を歩き回り、僧侶（住職）になってからも、万人坑と中国と真宗大谷派の侵略責任にずっと関わり続ける大東仁さん。

ＪＲ東海労働組合新幹線関西地方本部の初代委員長として、大勢の仲間を引き連れ大石橋の万人坑に通い続けて張鳳嶺さんを助け、おそらく日本で最も有名な虎石溝万人坑を消滅の危機から救った舟山守夫さん。

それまではアメリカ一辺倒だった三〇歳代の後半に撫順戦犯管理所を訪れたことが転機となり、それからは中国にのめり込み中国に通い続け、おそらく今の日本で最も数多く万人坑を巡り歩いている野津加代子さん。

この三人の、万人坑に魅せられた日本人のそれぞれの半生を本書で紹介しました。この三人の生きざまと万人坑との関わりを通して、四〇〇〇万人の中国人が強制労働を強いられ、おそらく一〇〇〇万人の桁になる人々が命を奪われた中国本土（大陸）における中国人強制連行・強制労働と万人坑について多くの日本人が認識してくれるようになれば嬉しいことです。もし、そうなれば、本書の目的は達成されたと評価できるのでしょう。

そして、この三人の生きざまを見てつくづく思うのは、ジャーナリストの本多勝一さんの偉大さです。それで、本書の主題からは少々ずれてしまいますが、本多さんのことを少しだけ紹介することで本書のあとがきに代えたいと思います。

ジャーナリストの本多勝一さん

朝日新聞の記者だった本多勝一さんは、中国と日本の間に国交がまだなかった一九七一年に中国を訪れ、日中戦争で中国人が受けた被害を取材し、朝日新聞や複数の週刊誌で取材結果を報道しました。日本の敗戦から四半世紀を経て初めて、日本社会全体に強烈な影響を与えることができる質と量をかねそなえて日中戦争の実相を伝えた（報道した）本多さんのこの「仕事」は、空前絶後の貴重（偉大）なものだと断言できると思います。そして、それらの一連の報道（記事）は『中国の旅』として書籍にまとめられ、単行本や文庫本や全集という形で出版され、何十刷りも版を重ね続けて一大「ベストセラー」になっています。

それで、本書で紹介している三人は、その誰もが本多さんの『中国の旅』により、それまでは漠然としか知らなかった日本による中国侵略の実相を知り、それをきっかけに、日本の侵略犯罪・加害責任に真摯に向き合うことになります。さらに、この三人以外にも、本多さんの『中国の旅』で日本による中国侵略の実相を初めて知った、そして行動を起こしているという人が私の周りには大勢（山のように）います。行動を起こし声をあげていて本多さんを知らないという人は皆無ではないかと思います。

そして、かく言う私も、本多さんからさまざまな分野で大切なことを学んだ一人であり、『中国の旅』に関わる日本の侵略犯罪や加害責任について学んだことは、その中の一つの大切な分野です。しかし、私が本多さんから学んだことは、他のあらゆる分野に及びます。その中から、最も重要な分野をあえて二つだけあげるとすれば、環境と民族ということになるのかなと思います。

例えば、本多さんが指摘する「足下の環境問題」としての長良川河口堰（ダム）の建設反対運動に一九九〇年代の初頭から私は関わるようになります。その当時、長良川河口堰現地の河川敷に、反対運動に関わる人たちが抗議とデモのために毎年集い、一晩だけの巨大なテント村が開設されました。そのテント村に一晩（一夜）限りで開店する居酒屋に、旨そうに酒を飲んでいる本多さんの姿がありました。招聘に応え、反対運動の応援のため本多さん自身も駆けつけてきてくれるのです。

また、「足下の民族問題」としての二風谷《にぶたに》ダムの建設反対運動にも私は関わるようになります。それで、二風谷ダムというのは、北海道の日高地方を流れる沙流川を分断し、先住民族であるアイヌの人たちの生活も権利も文化も破壊する巨大土建構造物です。その建設目的は、土建官僚の保身と出世と将来の天下り先確保を図ることだけでしかありませんでした。そのような二風谷ダムの建設反対運動に関わる中で、二風谷の多くのアイヌの人たちと知り合い、今も交流を続けているのは、私の大きな財産になっています。

こんなことを教えてくれた本多勝一さんは私の人生の師であると思っています。そして、現役のジャーナリスト時代の本多さんのことを知らない若い世代の人たちに本多さんを知ってもらうことができれば、それは嬉しいことです。

中国本土（大陸）における中国人強制連行・強制労働と万人坑について問いかける本書のあとがきで本多勝一さんを主役にしてしまいましたが、私としてはすっきりしました。読者の皆様には、大目に見ていただければと思います。

二〇二〇年九月

青木　茂（あおき　しげる）
平和を考え行動する会・会員
撫順の奇蹟を受け継ぐ会・会員
日本中国友好協会・会員
長良川河口堰建設に反対する会・会員
アイヌとシサムのウコチャランケを実現させる会・会員
NPO 法人ナショナルトラスト＝チコロナイ・会員

著書
『日本軍兵士・近藤一 ——忘れえぬ戦争を生きる』風媒社、2006 年
『二一世紀の中国の旅 ——偽満州国に日本侵略の跡を訪ねる』日本僑報社、2007 年
『万人坑を訪ねる ——満州国の万人坑と中国人強制連行』緑風出版、2013 年
『日本の中国侵略の現場を歩く——撫順・南京・ソ満国境の旅』花伝社、2015 年
『華北の万人坑と中国人強制連行——日本の侵略加害の現場を訪ねる』花伝社、2017 年
『華南と華中の万人坑——中国人強制連行・強制労働を知る旅』花伝社、2019 年

万人坑に向き合う日本人——中国本土における強制連行・強制労働と万人坑

2020年11月25日　初版第１刷発行

著者 ——— 青木　茂
発行者 —— 平田　勝
発行 ——— 花伝社
発売 ——— 共栄書房
〒101-0065　東京都千代田区西神田2-5-11出版輸送ビル2F
電話　03-3263-3813
FAX　03-3239-8272
E-mail　info@kadensha.net
URL　http://www.kadensha.net
振替 ——— 00140-6-59661
装幀 ——— 佐々木正見
印刷・製本 — 中央精版印刷株式会社

ISBN978-4-7634-0946-1 C0036